歴史総合パートナーズ❷

議会を歴史する

青木 康
Aoki Yasushi

SHIMIZUSHOIN

目次

はじめに―議会について知っていますか―...4

1. 議会はどのようにして生まれたのか...10
（1）イングランドで議会が生まれた背景は？...11
（2）中世ヨーロッパの身分制議会とは？...23

2. 議会がどうして「主権」をもつようになったのか...36
（1）近世国家の成長と議会...37
（2）17世紀イングランドの二度の革命...47

3. 議会と民主政治はどのように結び付けられたのか...62
（1）近代国家の始まりと議会...63
（2）議会民主政治はどのように世界へ広がったか...74

おわりに―現代の議会　問題解決のヒントは歴史のなかにある―...90

はじめに―議会について知っていますか―

皆さんは国会のことをよく知っていますか。「愚問だ。そんなこと当然だろう」と言われてしまうかもしれません。確かに，国会は現代の日本人にとって身近な存在で，テレビでも新聞でも，国会の話題が満載です。国会に関係するニュースは，国政上の事柄はもちろん，A議員とB議員とは不倫関係にあるといった個人スキャンダルまで，微に入り細を穿って大量に流れてきます。それは，現代日本の国会が，法律を制定し，首相（内閣総理大臣）の指名を行い，毎年の国の予算を承認するといった国政のうえで非常に重要な仕事をしているからです。国会は国のいろいろな機関のなかでも特に重い役割を果たすことになっていて，日本国憲法では，国会のことを「国権の最高機関」と言っています。そして，この重い役目を担う国会議員を選出する選挙では，18歳以上※1の国民すべてが有権者となっています。このように私たち一人ひとりが国会につながっているのであり，その意味でも国会は私たちにとって身近な存在です。いや，本当に身近な存在であるべきなのです。

　それでも，国会の仕組みや働きのことがちゃんと分かっているのか，また，それにはどんな歴史的背景があってそうなっているのかと重ねて問うと，多くの人は急に自信がなくなり，実はよく知らないという回答になるようです。アメリカや中国など，日本とかかわりが深い外国の国会（世界各国の国会については，一般には議会という方が多いので，これからは議会と言います）のことになると，時々は関連ニュースが流れますが，さらによく分からないというのが正直なところでしょう。しかし，私たちの生活に大きな影響を与える議会のことを，日本の国会のことも外国の議会のことも，私たちはもっとよく知るべき

※1　日本の選挙権年齢が20歳から18歳に引き下げられたのは比較的最近（2015年）のことである。

はじめに―議会について知っていますか―　5

なのです。そのために，この本では世界の「議会を歴史する」ことを試みてみようと思います。

　皆さんは議会というとどのようなものをイメージしますか。国民の代表が集まり，議論を行いながら法律を作るところ，というのがまず思い浮かぶでしょうか。議会とは，国民の選ぶ代表が主要な構成員となっている合議制の立法機関で，法律を作る立法機能の他にも，国の予算を決めたり行政府の活動を監視したりするなどの国政上の重要な役割を果たしています。イギリスや日本の場合のように，行政府の長（首相）を事実上あるいは公式に選任する機能をもっている場合もあります。議会には，会議体（議院，英語では House）の数により一院制の議会と二院制の議会とがあり，今日議会と言えば，少なくともひとつの院の議員は，選挙を通じて広く国民によって選ばれるのが普通です。したがって，民主政治と議会政治とはほとんど不可分なものとして考えられることも多いでしょう。

　世界各国の議会は，その成立の来歴などから，いろいろな名前で呼ばれています。英語で言うと，イギリスや，カナダ，オーストラリアなど元イギリス帝国自治領の議会はパーラメント（Parliament）[2]，ドイツの議会や日本の国会はダイエット（Diet）[3]，アメリカの連邦議会はコングレス（Congress）[4]，フランスの国民議会（下院）はアセンブリ（Assembly）[5]といった具合です。中国の議会，全人代（全国人民代表大会）の英語名はナショナル・ピープルズ・コングレス（National People's Congress）です。

　世界の「議会を歴史する」と言いましたが，どこまで歴史をさかのぼって考えてみるべきなのでしょうか。これについては，いろいろな考え方がありえるでしょう。特に，古代地中海世界で古代民主政が発達し，アテネやローマなどの

都市国家では，市民権をもつ正式市民が直接参加して開かれる民会が政治的意思決定の場になったことは，よく知られています。そしてローマにおいては，民会と対置される元老院（英語でSenate）が統治機関として重要な役割を演じました。古代地中海世界の統治と政治のあり方は，その後のヨーロッパにも伝えられ，特に近世・近代の知識人の多くがローマの歴史を参照してその政治的思考を展開したことから，近現代の議会の発展にもきわめて大きな影響をおよぼすことになりました。現代のアメリカやフランスの議会上院が「元老院」を名乗っている事実ひとつをとっても，それは明らかです。ただ，古代民主政は，奴隷の存在を前提とし市民による直接民主政を特色とする点から，国民の代表を集めた議会を中心とする今日の政治とは異質です。したがってこの本では，議会の歴史的起源をそこまでさかのぼらせることはせず，中世ヨーロッパに求めることにしました。

　このような時代的限定とともに，この本の検討対象について，もうひとつ限定をしておきたいと思います。議会という言葉を聞くと，国単位の議会（全国議会）ではなく，県議会とか市議会といった地方議会を思い出すこともあるでしょう。実際，各地方自治体における地方議会の働きは国における全国議会の

※2　パーラメントは，フランス語の「話す」（parler）という動詞に関係する中世の語に由来する。

※3　ダイエットは，1章2節で見る神聖ローマ帝国の議会の名称として使われたが，語源的には，食事制限を意味するダイエットと同様，「日」を意味するラテン語に由来する。

※4　コングレスは「集合する」を意味するラテン語に由来し，いろいろな集会の名称として使われたが，1774年から開催された大陸会議（Continental Congress）がアメリカ独立革命を指導する役割を担ったことから，独立後のアメリカ合衆国の議会はコングレスという。

※5　アセンブリ（フランス語ではアサンブレ）は「集める」に由来する語で，フランス革命初期の1789年7月に誕生した憲法制定国民議会（Assemblée nationale constituante）の名称に用いられて以来，議会下院の名称としてよく用いられる。

はじめに―議会について知っていますか―　7

それと相呼応する点が少なくありませんし，特に連邦国家であるアメリカの州議会などは国単位の議会に近い部分があります。しかし，ここでは，原則として，地方議会の問題は取り上げないことにします。

　以下では，中世ヨーロッパに起源をもち，現代では世界中に広がり発展している議会と呼ばれる国の重要な統治機関の歴史をたどっていきます。その際，中世から現在まで組織的に連続しており，その間世界史的にも大きな役割を何度も果たしてきたイギリス[6]の議会を中心に論じ，イギリス以外の国の動きについては必要に応じて言及するという形をとっていきます。

　「はじめに」を除いて，この本を構成する三つの章と「おわりに」はほぼ時代順になっています。議会の歴史をたどりながら，いま私たちが当たり前のこととととらえている議会のあり方がどのように形成されてきたのか，なぜそうした議会が生まれたのか，また現在の議会がかかえる問題について，一緒に考えていきましょう。

※6 イギリスというよく知られた国名は，基本的にグレート・ブリテン（Great Britain）王国（1707年から1800年まで）と連合王国（1801年以降United Kingdom of Great Britain and Ireland，1922年以降United Kingdom of Great Britain and Northen Ireland）を指すものとするが，イングランド（England）王国（中世から1707年まで）の時代を含めて通時代的に用いる場合がある。

1. 議会はどのようにして生まれたのか

（1）　イングランドで議会が生まれた背景は？

●

国王をどう抑えるか―マグナ・カルタから議会へ―

　まずは中世イングランドの様子から見てみましょう。1066年のノルマン・コンクエスト[※1]以降のイングランド王国には，封建制国家が確立しました。中世のヨーロッパに広く見られた封建制国家は，国王，諸侯（大貴族），騎士[※2]の間の双務的な君臣関係（封建的関係）が重層的に積み重ねられてできあがっているもので，国王は国の重要政策について有力な臣民である諸侯らを集めた封建的集会を開いて相談しなければならないことになっていました。イングランドでは，ウィリアム1世の子のヘンリ1世[※3]が1100年の即位にあたり戴冠憲章を発布し，自分が諸侯の助言により即位し，先王である兄ウィリアム2世のような専制に陥ることがない旨を約束していました。諸侯にそれを約束して，自分の即位に対する諸侯の政治的支持を取り付けたと言った方がいいかもしれません。このように，中世イングランドには，統治者である国王は国の重要政策について諸侯らと相談すべきであるという原則が形成されていたのです。

　1154年，ヘンリ1世の孫であるフランスのアンジュー伯がイングランド王へ

※1　フランスの有力貴族であったノルマンディ公が征服によりイングランド王ウィリアム1世となった事件。

※2　英語でknight。中世ヨーロッパの騎馬戦士階層。諸侯（大貴族）などに臣従する下級貴族として封建制国家の支配階級の一部をなした。

※3　Henry I（1068～1135），イングランド王（在位1100～35）。王権の強化に努めたが，その死後，甥と娘が王位の継承を争い，イングランドは内乱状態に陥った。

1. 議会はどのようにして生まれたのか　11

ンリ2世[※4]となり，プランタジネット朝が始まりました。フランスの大貴族として大陸にいることが多かった彼は，イングランド王国では司法改革を進めて，自分が王国内にいない間も，その統治が安定的に行われるように努めました。

　1199年彼の末子ジョンが国王として即位しますが，ジョン王は，父王が遺(のこ)した強力な統治制度を利用して諸侯から厳しく税を取り立てるなど，専制的なふるまいが目立ちました。その後，国王反対派の諸侯が立ち上がり，劣勢となったジョンは1215年6月15日ラニーミード[※5]で諸侯らの権利を認める文書に署名せざるをえませんでした。ジョンはまもなくこの文書を否認し，イングランドは内乱状態になりますが，翌年ジョンが没し，幼いヘンリ3世[※6]が即位したこと

図1　ヘンリ2世の支配領域（1180年）

で，国王支持派と反対派の間で妥協が成立しました。その結果，封建的集会の承認によらない課税や不当な逮捕を禁じ[※7]，国王も法の下にあるという原則を確認する文書が再交付され，それがマグナ・カルタ（Magna Carta, 大憲章）の名で呼ばれるようになります。この文書の主眼は，あくまでも諸侯の封建的な権利を確認するところにありました。しかし，国王による専制を否定し課税などに臣下の集会の承認が必要であるとした点が17世紀の議会政治家によって高く評価され，マグナ・カルタこそイギリス立憲政治の原点であるという輝かしい歴史的位置付けをあらためて与えられて今日に至っています。

　確かに，マグナ・カルタは，いくつかの重要な点で王権を制限し，国王も法の下にあるという国の基本原則を示していました。しかしながら，そのような法文ができたからといって，少数の寵臣に頼って専制化しがちな国王と，それに抵抗する反対派諸侯の対立という問題は解決しませんでした。ヘンリ3世は1216年に即位した時9歳にすぎませんでしたから，しばらくは事実上諸侯によ

※4　Henry II（1133〜89），イングランド王（在位1154〜89）。父アンジュー伯からの相続と，大貴族の相続人との婚姻の結果，フランスに巨大な支配領域を有するとともに，母がイングランド王ヘンリ1世の娘であったことからイングランド王位も獲得した。当時は，国という単位が近世以降ほど強く意識されてはおらず，国王のみならず貴族にもイギリス海峡をはさんでイングランドとフランスの双方に所領をもつ者が少なくなかった。

※5　Runnymede, ロンドンからテムズ川を西へ約30キロメートルさかのぼった所。

※6　Henry III（1207〜72），イングランド王（在位1216〜72）。幼くして即位し，1227年親政を開始。諸侯との対立に苦しんだ。

※7　「第12条　いっさいの楯金もしくは援助金は，朕の王国の一般評議会によるのでなければ，朕の王国においてはこれを課しない。（以下略）」，「第39条　自由人は，その同輩の合法的裁判によるか，または国法によるのでなければ，逮捕，監禁，差押，法外放置，もしくは追放をうけまたはその他の方法によって侵害されることはない。（以下略）」などが，王権を制限したマグナ・カルタの条文としてもっともよく知られている。基本的に訳文は高木八尺・末延三次・宮沢俊義編『人権宣言集』（岩波文庫，1957年）に従った。

1.　議会はどのようにして生まれたのか　　13

図2 マグナ・カルタ 1215年6月15日直後に国王が発給した文書で残存しているもののうちのひとつ。

る集団的な統治が続きましたが,彼が成長し,その治世が進んでいくにつれて国王と諸侯の対立が再燃してきて,現実に封建的集会で諸侯の立場を守ろうとする試みが繰り返されることになります。このような国王の専制を抑える役割を担った集会のうちでも特別なものが,1230年代から英語でいうと「パーラメント」と呼ばれるようになったようです。ただ,議会(パーラメント)という言葉の起源はここにありますが,普通イギリス議会の歴史的な起源とされている集会は,もう少し後,1265年の集会です。

「初めての議会」はどんな議会?

1250年代になると,国王ヘンリ3世と諸侯の対立はより決定的なものとなりました。外国人を重用した国王は軍事遠征に失敗し,財政難で課税を強化するなど,失政が続いていたことから,諸侯が反発を強めて,1258年には反乱を起

図3 シモン・ド・モンフォール

こしました。レスター伯シモン・ド・モンフォール[※8]を指導者とするイングランドの改革派諸侯は、オクスフォード条項（Provisions of Oxford）を定めて統治改革を進めました。

　1258年のオクスフォード条項は、マグナ・カルタと同じように国王の専制に反対する諸侯が軍事力を背景にして国王に呑ませたものでしたが、統治上の権限をもった委員会を設置し、また、王国の統治を点検するために、先に述べた「パーラメント」を定期的に開催するという形で、諸侯が自分たちの望む施策を行政的に実現しうる可能性をもっていました。その点で、オクスフォード条項は、基本的に国王がしてはならないことを数え上げていたマグナ・カルタと較

※8　Simon de Montfort（1208頃～65）、フランスの名門貴族の子。1230年イングランドに渡り、39年レスター伯位を認められた。当初はヘンリ3世の寵臣であったが、やがて対立するようになった。

べて，国王の統治に対してよりいっそう踏み込んだ改革をしようとしていたと言えるでしょう。

　1258年の改革によって，改革派諸侯は，国王の権力を抑え専制政治に陥るのを防ぐことのできる安定した統治体制を樹立できたのでしょうか。実際にはそのようにはなりませんでした。国王側は王権への制限を嫌って，1261年にはオクスフォード条項を否認しました。諸侯のなかには，シモン・ド・モンフォールらに反発して国王ヘンリ3世や王太子エドワード（後のエドワード1世）を支持する者も少なくありませんでした。イングランド王国とは政治的なつながりが強かった隣国フランスの国王ルイ9世[※9]が調停を試みましたが，それもうまくいきませんでした。その結果，イングランドでは再び国王派と諸侯派との内戦が起こるのですが，シモン・ド・モンフォールは1264年5月14日のルイス（Lewes）の戦いで大勝して，政権を掌握することに成功しました。

　国王と王太子を捕虜としたシモン・ド・モンフォールは，王国の実質的な統治者となりましたが，その権力はけっして安定したものではありませんでした。彼は国内の支持を固めるため，1265年1月にそれまでにない構成をもった「パーラメント」をロンドンのウエストミンスター宮殿（Palace of Westminster）で開きました。これが，「シモン・ド・モンフォールの議会」として知られるもので，今日まで続くイギリス議会の起源とされています。当のイギリスでは，1965年女王エリザベス2世を迎えて議会創立700年の記念行事が行われました。

　1265年の議会では，それ以前から開かれていた，諸侯（大貴族）を主要な構成員とする大規模な封建的集会である「パーラメント」の構成に，重大な変更が加えられました。というのは，この議会には，諸侯や教会の高位聖職者とともに，州を代表する騎士各2名と，ヨーク（York），リンカーン（Lincoln），サン

図4　1965年にイギリスで発行された議会開設700年の記念切手

ドウィッチ（Sandwich）などの都市を代表する市民各2名とが，シモン・ド・モンフォールの支配下におかれていた国王の名で召し集められたのです。州を代表する騎士はそれまでも「パーラメント」に呼ばれたことがありましたが，1265年には，初めて州代表の騎士と並んで都市代表の市民も国政上重要なこの集会に集められました。この議会は，その成立事情を考えると，シモン・ド・モンフォールが自らの統治に対する支持固めのために急いで開いたもので，代表を送るように求められた都市は，彼を支持する場所であったとされています。その意味で，この議会を，地域代表を広く国政に参加させた歴史的な起源として高く評価しすぎてはならないかもしれませんが，重要な先例が作られたことは間違いないでしょう。

エドワード1世と議会

　シモン・ド・モンフォールの議会は1265年1月20日から3月半ばまで開かれましたが，その後，5月に王太子エドワードが脱走し，シモン・ド・モンフォー

※9　Louis IX（1214～70），フランス王（在位1226～70）。篤いキリスト教信仰をもつ高潔な王として知られ，治世中に二度十字軍を起こした。

1. 議会はどのようにして生まれたのか　17

ルの権力集中に反対する側が勢いを強めます。8月4日イヴシャム（Evesham）の戦いで，エドワードはシモン・ド・モンフォールを敗死させ，父王を解放しました。エドワードはさらに残った改革派諸侯を帰順させて，王国の治安を回復していきますが，その過程で先のオクスフォード条項は廃棄したものの，この間の改革の成果の一部は引き継いで，国王による統治の安定をはかっています。エドワードは，1270年から十字軍[10]に参加するためにイングランドを離れますが，帰国途上にあった1272年11月父のヘンリ3世が没して，イングランドに戻る前に平穏のうちに国王エドワード1世[11]として即位しました。この王は政治的指導力をもった君主となり，法制の整備を進めて内政を固めるとともに，積極的な対外政策を展開しました。今日イギリス皇太子は「プリンス・オブ・ウェールズ」（Prince of Wales）の称号を名乗りますが，それはこのエドワード1世によるウェールズ侵攻に端を発しています。

　エドワード1世はその軍事行動に対する国内の支持を必要としていたことから，その治世中しばしば議会（パーラメント）が開かれました。彼の治世前半の議会は，その構成がまだ安定しておらず，1265年のように州代表と都市代表が召集されることは例外的であったのですが，パーラメントで臣民と話し合い統治を行う伝統は続いていました。そして，1295年11月に召集された議会は，幅広い参加者で構成され，近代の歴史家により模範議会（Model Parliament）と呼ばれることになります。

　1295年11月の議会は，諸侯（大貴族）や高位聖職者の他，下級聖職者の代表，州代表の各2名の騎士，都市を代表する各2名の市民が召集されました。13世紀前半に初めてパーラメントと呼ばれる特別な封建的集会が誕生した時，基本的に召集されたのは諸侯（大貴族）と高位聖職者でした。シモン・ド・モンフォー

図5　エドワード1世治下の議会　1278年頃と推測されている。

ルの議会は、そこに州代表と都市代表を加え、参加者の範囲をかなり拡大しました。確かにこの点が重要であるからこそ、1265年が議会創立の年とされているのですが、しかし前にも書いたように、その時に代表を送るよう求められた都市は、シモン・ド・モンフォールを支持する側の都市に限られていたとされています。あらかじめ政治的に選別された少数の都市にすぎなかったのです。これに対してこの1295年の議会に代表を送るよう求められた都市は、100以上

※10　英語でCrusade。11世紀末から2世紀間に数次にわたってヨーロッパのキリスト教国がイスラーム勢力から聖地エルサレムを奪回し確保することをめざして起こした戦い。遠征の回数の数え方には諸説あるが、ここで王太子エドワードが参加したものは第9回とされることが多い。

※11　Edward I（1239〜1307）、イングランド王（在位1272〜1307）。王太子時代は父ヘンリ3世を援けてシモン・ド・モンフォールら改革派諸侯を破り、国王即位後は、フランスと戦う一方、ウェールズやスコットランドにも侵攻した。

1．議会はどのようにして生まれたのか　19

にのぼりました。本当にイングランドの各地から，代表がロンドンに集められたわけです。さらに，この議会には，それまでいなかった下級聖職者の代表も参加していました。このように，1295年議会のメンバー構成は，当時のイングランド社会を形作っていた広範な身分・階層をよく反映したものになっていました。そして，これ以後，議会が開かれる際は，州や都市の代表も召集されることが多くなっていき，14世紀の半ばには，そうした構成が定着しました。

　こうしてイングランドで議会が成長を始めた頃，ヨーロッパの他の国でも，同じように社会の各身分が参加して国政に参与する会議体がいろいろと見られました。フランスの全国三部会がもっとも有名でしょうが，そのような会議体は，歴史研究者の間では一般に身分制議会（英語ではEstates）と呼ばれています。次の2節では，14・15世紀のイングランド議会を含めて，ヨーロッパの身分制議会のことを検討しますが，その前に，この1節のまとめを兼ねて，イングランド議会の成立にとって州とか都市といった地域共同体の代表の存在が決定的な意味をもったという点を，少し理屈っぽい話になりますが，確認しておきましょう。

議会は国王の統治に役立つ？

　私たちが今日の議会をめぐるいろいろな問題を検討する時，国内各地から代表が選ばれてきて中央で国政に参与するということが，議会にとって不可欠な要素であるという理解を前提にして考えていることでしょう。だからこそ，ここまで何度も述べてきたように，自らの身分的（＝封建的）権利に基づいて国政に参与する諸侯（大貴族）を基本的な構成員としていた集会（パーラメント）に，州や都市といった地域共同体の代表が呼び入れられた1265年の議会こそ

が，イギリス議会の，ひいては今日の世界における議会の歴史的起源とされているのです。しかしながら，別の見方もありえます。それは，国王による専制的な統治を許さぬために臣下が集まる国政集会という性格こそが，やはり本質的に重要であったのだという見方です。このことを少し理論的に突き詰めて考えると，イングランド議会は，地域共同体の代表の国政参加と，国王の専制抑止のための有力臣下の集会という，本来は別々の性格と歴史的な由来をもった二つの制度が，13世紀の後半に結合した結果成立したと言うべきであるように思われます。

　ここで「二つの制度」という言い方をあえてしたのは，イングランド王国では，地域共同体の代表が中央に呼ばれて王国の統治にかかわる役割を果たす事例が少なくとも12世紀後半からあったからです。先にふれたように，国王ヘンリ2世は王国の統治を確かなものとするため司法改革を進めましたが，その過程で中央のコモン・ロー裁判所[12]も整備されました。そして，地域共同体である州を代表する4名の騎士が，中央に移管された各地域の係争事案について報告するため，必要に応じて中央に呼ばれるといった手続きも誕生したのです。13世紀前半になると，複数の州から2ないし4名の騎士が，こうした司法的目的のみならず，課税同意のような政治的目的のために呼び集められることも行われるようになり，一部都市の代表が召集される例も見られました。こうして，13世紀半ばまでには，地域共同体の代表が中央に召し出されて国王による統治に協力するという制度が，「パーラメント」のような国王の専制を抑えるための封

※12 common law courts。王座裁判所，民訴裁判所，財務府裁判所など，コモン・ローに基づいて裁判が行われる裁判所。コモン・ローは，12世紀後半に成立した，全イングランドに共通して適用される法体系。

1．議会はどのようにして生まれたのか　21

建的集会の制度とは別にできあがっていたのです。

　このような先行事例の存在を考慮に入れるならば，議会が地域共同体の代表を中央に呼び集めて国政に参与させるという要素をその本質とする以上，議会には国王の権力を抑制するという面とともに，国王の統治に協力するという面もあったと考える方が合理的です。国王は，もともとその統治力を高めるために地域共同体の代表を中央に呼んで接触する制度を設けていた訳ですから，広く地域共同体の代表を呼び集め国政について話し合いを行う議会という場は，少なくともエドワード1世のような政治的な指導力をもった国王にとっては，彼らとコミュニケーションをとって自分の統治に協力させるためにも十分利用可能なものであったはずです。議会制度は，国王の専制を抑止するためのものである一方，国王の統治力を強めるためのものでもありえたのです。そして，このことが，マグナ・カルタのような法律文書だけでは国王の専制化傾向を抑止することができなかったのに対して，議会が王権に対する抑制として歴史的に長く機能し続けることができた理由であったと考えられます。議会が国王の統治力を高めることに資する面をもった制度であったからこそ，国王は統治機関のひとつとして議会を利用し続け，結果として，議会を通して国王と臣民とが話し合う機会が維持されさらに増加していって，専制的な王権の行使の危険も減少したのです。このように，議会がその成立期から統治のための機関であったという点は，議会を歴史的に検討するうえで重要なポイントです。

(2)　中世ヨーロッパの身分制議会とは？

●

フランスの三部会と高等法院

　ここでヨーロッパ大陸での動きもあわせて考えてみましょう。13世紀から15世紀頃のヨーロッパでは，ここまでその歴史を少し細かく見てきたイングランドだけでなく，いろいろな国において，貴族，聖職者，平民（特に都市の市民）の代表が参加し国政に参与する身分制議会が成立しました。それは，何よりも国王が課税に対する協賛を求めて開催したものでしたが，参加した人びとが税以外の様ざまな国政上の問題についても発言する機会となり，各国の政治的なまとまりを強めることにもつながりました。

　フランスでは，ローマ教皇ボニファティウス8世[13]と激しく対立していた国王フィリップ4世[14]が，1302年4月に三身分，すなわち聖職者，貴族，都市民の代表をパリに集めて会議を開き，自らの政治的な立場を強めることに成功しました。それを受けて，フィリップ4世は翌年アナーニ事件[15]を起こし，以後フランス王はローマ教皇に対して優位に立ちました。この1302年のパリの会議がフランスの（全国）三部会（États généraux）の始まりとされており，その後

※13 Bonifatius VIII（1235頃～1303），ローマ教皇（在位1294～1303）。教皇至上主義をとり，フランス王フィリップ4世と対立した。

※14 Philippe IV（1268～1314），フランス王（在位1285～1314）。フランスの国家統一に努め，戦費調達のために教会に課税しようとしたことからローマ教皇と対立，またテンプル騎士団を解散させた。

※15 フィリップ4世の送った軍が，1303年9月にイタリア中部アナーニ（Anagni）で教皇ボニファティウス8世を襲って捕らえた事件。教皇はまもなくローマに帰還したが，直後に急死した。

1. 議会はどのようにして生まれたのか　23

17世紀初めまで，特に百年戦争※16やユグノー戦争※17でフランスが危機に陥った際にしばしば開かれることになりました。しかし，よく知られているように，フランスの王権が強化されると，1789年まで三部会は170年以上にわたって召集されませんでした。

　イングランドの議会は，後に見るように，14世紀から15世紀に大きく成長して法律の制定に深く関与するようになり，近現代の議会の本質である立法機関としての性格をはっきりともち始めます。これに対して，フランスにおいては，身分制議会（三部会）が立法機能を獲得することはなく，中世末から近世を通じて国王は立法権を手放しませんでした。ただし，国王の出した王令が法的な効力をもつためには，高等法院に王令を登録する必要がありました。高等法院とは，国王の司法権を強化する目的で三部会よりもやや早く13世紀半ばから整備され始めた最高司法機関です。そして，高等法院は中世末から近世にかけて力をつけてくると，自らの意にそわない王令の登録を拒否することもありました。そうなると，国王としては，自らが臨席する親裁座を開いて王令の登録を強制するといった強権的な手段をとらなければなりませんでした。高等法院にはこのように王令の登録を少なくとも遅らせる権能が認められており，それを通じて国王のもつ立法権に実質的に干渉することが可能であったのです。つまりは，中世末から近世のフランスでは，三部会という身分制議会よりも高等法院のような司法機関が，立法に参画する可能性をもっていたのです。

　興味深いことに，この高等法院はフランス語でパルルマン（parlements），英語ではパーラメントといいます。イングランドの議会と同じ名前で呼ばれていたのです。このことは，中世ヨーロッパの国ぐにのなかで，イングランドの議会（パーラメント）だけを過度に特別視してはいけないということを教えてく

れます。そもそも中世では，近代に確立された三権分立の思想はなく，立法と司法がきちんと分離されたものとして，あるいは分離されるべきものとして考えられてはいなかったのです。そのため立法機関として成長していったイングランドの議会も，その二院のうち上院にあたる貴族院は，最高裁判所としての機能も長くもっていました。伝統の力が強いイギリスでは，議会の貴族院から最終的に明確に分離された最高裁判所が設けられたのは，21世紀に入って以降2009年のことでした。話を中世末から近世の時代に戻すと，フランスのパルルマンは，司法機関でありながら，立法に参画しようとしました。イングランドの議会（パーラメント）は，立法機関としての性格を強めつつありましたが，司法機関としての役割ももっていました。このように見てくると，フランスのパルルマンとイングランドのパーラメントは，たまたま名前が同じであったのではなく，本質的に同じ司法・立法混合の性格をもつ機関であったから同じ名前で呼ばれていたと考えたくなります。歴史的に検討すると，議会＝立法機関という今日的な常識が，少なくとも近世に入るまでは成り立たないことが分かってきます。

ヨーロッパの身分制議会を眺めてみると

　イングランドとフランス以外の国ぐにも，身分制議会は見られました。ド

※16　英語でHundred Years' War（1339〜1453）。フランスとイングランドが1世紀以上にわたって断続的に戦った戦争。イングランド王エドワード3世がフランス王フィリップ4世の孫としてフランスの王位継承権を主張して勃発したが，実際には，イングランド王がフランスにも所領を有していたことから生じたフランスの有力家門どうしが戦う内乱のような性格が強かった。

※17　フランスの宗教内乱（1562〜98）。ユグノー（huguenot, フランスのカルヴァン派プロテスタント）とカトリックの王族・貴族の派閥争いに，一部外国勢力の介入も見られた。

イツ（神聖ローマ帝国）では，ドイツ国王すなわち皇帝の選挙に参加する資格をもった選帝侯をはじめとする聖俗諸侯と，フランクフルトやハンブルクのような帝国都市の代表が集まる帝国議会（国会）が，14世紀に機関として確立しました。帝国議会には，永久国内平和令※18を出した1495年の帝国議会，宗教改革期にルター※19を喚問した1521年の帝国議会（いずれもヴォルムス Wormsで開催）など，中世末から近世の前半期にかけて帝国の政治を大きく動かす舞台となったものもありました。しかし，神聖ローマ帝国は，中世末以降，時とともに国としてのまとまりを失っていき，それを構成していたブランデンブルク（後のブランデンブルク=プロイセンBrandenburg-Preußen），ザクセン（Sachsen），バイエルン（Bayern）など強い独立性をもった領邦国家の連合体

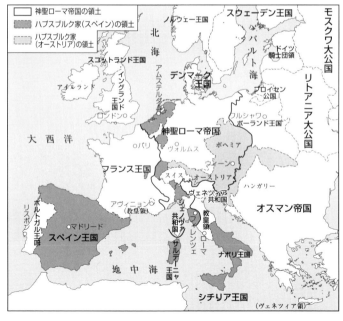

図6　16世紀半ばのヨーロッパ

のような性格を強めていきます。17世紀半ばのドイツ三十年戦争[20]の結果，神聖ローマ帝国の解体は決定的となり，帝国議会は一国の統治機関というよりは，複数の独立国の代表が集まる国際会議のような存在になりました。他方，身分制議会は領邦国家単位のものが開かれるようになっていき，地域や時期によっては，領邦君主の課税政策に協賛する一方で，君主の行動を制約するという政治的に重要な役割を果たす場合もありましたが，その後，領邦君主の権限が強くなっていきました。

　中世のイベリア半島では，今日のスペイン，ポルトガルにつながるキリスト教徒の国ぐにが，イスラームの支配から領土を奪回する国土回復運動（スペイン語でレコンキスタ[21]）を長い年月にわたって続けていました。君主は，戦費確保のための課税への協賛を得るとともに，貴族に対する牽制（けんせい）として都市の協力を確保する目的で，聖職者，貴族と並んで都市民をも参加させた身分制議会コルテス（Cortes）を，早い所では12世紀から開きました。カスティリャ王国の例のように，コルテスが，請願（せいがん）の提出を通じて立法に参与する力をもつよう

※18　ドイツ語でEwiger Landfriede。神聖ローマ皇帝マクシミリアン1世が1495年に発した，神聖ローマ帝国内での私戦を禁じた平和令で，これにともなって帝国最高法院が設置されることになった。

※19　Martin Luther（1483〜1546），ドイツの宗教改革者。1517年「九十五カ条の論題」を発表して以来，カトリック教会を批判。聖書のドイツ語訳を行い，ドイツの宗教改革を指導した。

※20　英語でThirty Years' War（1618〜48）。カトリックの神聖ローマ皇帝とプロテスタント諸侯の戦いにデンマーク，スウェーデン，フランス，スペインなどが加わって，大規模な国際戦争に発展，皇帝の権限が決定的に後退する結果に終わった。

※21　Reconquista（「再征服」の意味するスペイン語），8世紀初頭からイスラームの支配下におかれたイベリア半島をキリスト教徒の手に奪回しようとする運動。15世紀末まで8世紀近くにおよんだ。

1. 議会はどのようにして生まれたのか　27

になる場合も見られましたが，基本的にイングランド議会のように立法の中心的機関になることはありませんでした。1479年カスティリャ王国とアラゴン王国が合同してスペイン（イスパニア）王国が成立しても，両王国にあったコルテスは統合されることはなく，その後，両者が協力して王権に対抗することもなかったため，身分制議会としてのコルテスはその政治的な力を失うことになりました。ただ，コルテスという名前は残り，近現代のスペイン王国の議会もコルテスの名で呼ばれています。

　北欧スウェーデンの身分制議会は，15世紀半ば，デンマークを中心としたカルマル連合[22]体制のもとにあったスウェーデンがデンマークに対して反抗した際，広く都市民や農民の代表をも集めた会議が開かれたのが端緒とされます。16世紀前半にカルマル連合体制を脱したスウェーデンは，17世紀にはグスタフ・アドルフ[23]のような強力な国王が出て，身分制議会の権限を強化することで国力を強め，ヨーロッパの国際政治に大きな力をふるうことになります。その後18世紀初めにロシアとの北方戦争でスウェーデンが敗れると，身分制議会を支配する貴族が国王にも優越する力をふるった，いわゆる「自由の時代」が半世紀ほど続きますが，1772年に国王グスタフ3世[24]がクーデタで国王の主導権を回復しました。

　東に視界を転じると，ポーランドでは，全国規模の身分制議会が，14世紀末から15世紀前半にかけて同国をリトアニアと合わせて統治したヴワディスワフ2世ヤゲウォ（Władysław II Jagiełło）のもとで成立しました。1572年にヤゲウォ朝[25]が断絶すると，身分制議会は国王の選出権を獲得して，ポーランドは選挙王制となりました。こうして近世のポーランドは，「黄金の自由」とも呼ばれる，貴族がになう自由主義的体制の時代を迎えるのですが，議員一人ひとり

の自由を尊重するために政治的意思決定が難しく，国王交代時には選挙王制であることから外国勢力の介入を許したなどの事情により，国力の低下を招き，18世紀末にポーランドは周辺のロシア，オーストリア，プロイセンによって国土を分割されて，いったん滅亡するに至りました。

　このように，中世後期から近世にかけて，イングランド以外にもヨーロッパの多くの国で身分制議会が生まれ，それぞれの歴史的役割を果たしたのですが，イングランド議会のように，その統治上の機能を強めて，やがて安定した議会中心の政治体制を作り出すことに成功したものはありませんでした。それでは，イングランド議会はなぜ他国と異なる歴史を歩むことになったのでしょうか。次の項では再びイングランド議会の歴史に戻り，中世末，14・15世紀の状況を見ることにします。

14・15世紀のイングランド議会

　13世紀末の模範議会は，先に述べたように，当時のイングランド社会を形

※22　デンマーク語でKalmarunionen，1397年にスウェーデンのカルマルで結成された北欧三国（デンマーク，スウェーデン，ノルウェー）の連合。デンマーク女王マルグレーテの強い指導下に結成。1523年スウェーデンが離脱。

※23　Gustav Adolf（1594〜1632），スウェーデン王（在位1611〜32）。バルト海域での勢力伸長に努め，1630年にはドイツ三十年戦争に介入，優勢に戦いを進めたが，1632年リュッツェンの戦いで戦死。

※24　Gustav III（1746〜92），スウェーデン王（在位1771〜92）。即位後まもなくクーデタを起こし，身分制議会が支配する「自由の時代」を終わらせた。啓蒙的な改革を進め，内外で名声を高めたが，貴族層の不満をかい，1792年に暗殺された。

※25　Jagiellonowie（1386〜1572），ポーランドの王朝。リトアニア大公がポーランド女王と結婚して成立。ヤゲウォ朝下のポーランド=リトアニア連合は，中世末から近世初頭の中・東欧の有力国であった。

作っていた広範な身分・階層をよく反映したメンバー構成になっており，その意味で身分制議会としては完成段階に達していたと言えるかもしれません。その後のイングランド議会をメンバー構成から見ると，下級聖職者の代表は議会から姿を消し，引き続き議会にも出席していた高位聖職者とともに聖職者会議[26]に参加するようになります。

　また，イングランド議会は，14世紀半ばには，貴族の上層部分である諸侯層と高位聖職者とがひとつの議場に，州代表の騎士，言い換えれば下級貴族と，都市を代表する市民すなわち平民とがもうひとつの議場に集まって，それぞれ議事を進める二院制の形をとるようになっていきました。これは，聖職者，貴族，平民という三身分の参加者がそれぞれ身分ごとに審議を行う，身分制議会の典型的なあり方からは大きくはずれています。イングランド議会では，身分を異にする聖職者と上級貴族（公侯伯子男の爵位をもつ爵位貴族）とが一緒に貴族院（House of Lords）と呼ばれる上院を，下級貴族とも言える騎士と都市代表の市民，すなわち平民とが一緒に庶民院（House of Commons）と呼ばれる下院を構成したのです。ここで特に重要なのは，議会を構成する二院中の一院の議員が，その身分にかかわらず，州にせよ都市にせよ地域共同体の代表として一括されている点で，1265年のシモン・ド・モンフォールの議会の歴史的意義が強調されてきたのは，そこにこの庶民院の原点を見るからにほかなりません。

　地域共同体の代表である庶民院議員は，この時期，課税同意権をてこにして，請願の形で示される地域社会の要望に応える法律の制定を実現していきました。彼らは，「苦情の救済」を求める国民の声が聞き届けられるまでは，国王の課税案にも同意できないという政治的な駆け引きをしたのです。こうした過程

図7 中世イングランドの選挙区配置（1386〜1421年） 州選挙区は個々に名前を表記。都市選挙区は●で位置のみを示した（■はロンドン）。なお，伯領州（パラティネイト）であるチェシャとダラムは代表を議会に送っていない（州選挙区ではない）が，参考までに州名を表示している。また，ランカシャは伯領州であるが，州選出議員を議会に送っていた（州内に都市選挙区はない）。

①ノーサンバランド
②カンバーランド
③（伯領州ダラム）
④ウェストモーランド
⑤ヨークシャ
⑥ランカシャ
⑦（伯領州チェシャ）
⑧ダービシャ
⑨ノッティンガムシャ
⑩リンカンシャ
⑪シュロップシャ
⑫スタフォードシャ
⑬レスタシャ
⑭ラトランド
⑮ノーフォーク
⑯ウォリックシャ
⑰ハンティンドンシャ
⑱ウスタシャ
⑲ノーサンプトンシャ
⑳ヘリフォードシャ
㉑ケンブリッジシャ
㉒サフォーク
㉓グロスタシャ
㉔ベドフォードシャ
㉕オクスフォードシャ
㉖バッキンガムシャ
㉗ハーフォードシャ
㉘エセックス
㉙ミドルセックス
㉚バークシャ
㉛ケント
㉜サリ
㉝サセックス
㉞ハンプシャ
㉟ヴィルトシャ
㊱ドーセット
㊲サマセット
㊳デヴォン
㊴コーンウォル

※26 convocations, カンタベリとヨークの大司教管区ごとに設けられた教会聖職者たちの会議で，15世紀には，司教たちが集まる上院と，下級聖職者の下院という二院制をとった。宗教改革期以降は，イングランド国教会の組織。

1. 議会はどのようにして生まれたのか　31

を経て，イングランド議会は立法過程に深く関与するようになり，現在まで守られている，議会の庶民院と貴族院を通過した法案（bill）に国王が裁可を与えると法律（act），すなわち議会制定法（statute）になるという立法手続きが15世紀末までに定まりました。その後，18世紀初頭の例を最後に，国王が両院を通過した法案を拒否するということはなくなり，立法機関としての議会の地位が完全に認められました。

　地域共同体の代表が議会庶民院に送られることの重要性が認められた結果として，15世紀の前半には庶民院議員の選挙関係の法律がいろいろと作られました。なかでも，州を代表する議員（州選出議員）の選挙に参加できる有権者を年収40シリング以上[27]の自由土地保有者と定めた1430年に成立した法律は，1832年の第1次選挙法改正まで400年以上にわたってイングランドの州選挙区における選挙権を規定する法律として有効でした。また，1445年の法律は，州選出議員はその州の名のある騎士または生まれながらの紳士たる名のある地主でなければならないと規定しています。ここで，封建的な階層関係に直結した表現である騎士と並んで，「生まれながらの紳士たる名のある地主」という表現が登場していることが注目されます。中世末のイングランドでは，もともと封建制のもとで主君に対する軍役の義務を負っていた騎士層が，地域社会に土着し土地経営を行う地主として，紳士（ジェントルマン，階層としてはジェントリ）と呼ばれる存在になっていく現象が見られたのですが，15世紀半ばのイングランド議会は，その現象を受けて，州選出の庶民院議員を封建制度上の騎士身分の者でなくとも，地域社会で名望のある紳士であればよいと定めたのです。

　このように，州選出議員の選挙権が，厳しい財産制限付きとはいえ，地域住民に一般的に開かれた形で規定され，被選挙権についても厳密な封建制の身分的

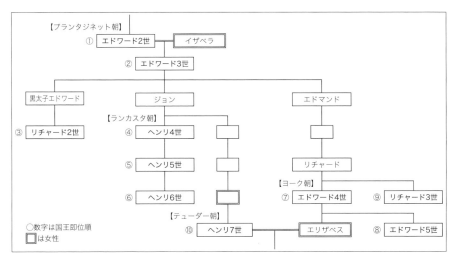

図8 バラ戦争関係系図

限定がはずされたのです。また、本来は都市の市民が務めた都市選出議員にも、市民との社会的交流が進んでいた地主・ジェントリ層が選ばれることが少なくありませんでした。こうして、15世紀後半を迎える頃には、イングランド議会、少なくともその庶民院は、身分制議会の域を脱して、広く地域住民を代表する、より近代的な議会となり始めていたのです。

　ここまで14・15世紀のイングランド議会の発展を、特に制度や機能の面を中心に見てきましたが、次にその政治的文脈を見ることにしましょう。まず、確認しておかなければならないのは、この時期の議会がここまで述べてきたような

※27　20シリングで1ポンドなので、40シリングは2ポンドとなる。15世紀の前半においては、この年収金額を有権者資格として求める州選出議員選挙は、かなり厳しい制限選挙であったと考えられる。しかし、その後は、物価の上昇により、年収40シリング以上はそれほど厳しい制限ではなくなっていった。

制度的，機能的な発展をとげたとしても，議会はまだ国王による統治の補助者，協力者にすぎなかったということです。あくまでも国王の政治的都合で議会は召集され，開かれたので，定期的な開会が約束されていた訳ではありません。いったん開かれれば，国王が求める協力と引き換えに，地域住民の様ざまな苦情に応える法律を制定させるなどの力は徐々につけてきていたものの，議会が開かれなければ話は始まりません。しかし，確かにこの時期，国王はかなり頻繁に議会を開いています。なぜだったのでしょうか。それは，14・15世紀が政治的危機の連続の時代であったからにほかなりません。

　14・15世紀には，王国を揺るがす大きな事件が多数起こっています。まず何よりこの時代は戦乱の時代です。百年戦争，バラ戦争と，長期にわたる戦争が断続的に続き，国王は財源確保のためにも議会の協力がぜひ必要でした。さらに，バラ戦争はランカスタ家とヨーク家の王位継承をめぐる内戦でしたし，バラ戦争以外の時期でも，エドワード3世[28]やヘンリ4世[29]が前王の廃位を受けて王位に就くなど，14・15世紀はそもそも王位自体が奪い合いの対象とされる時代でしたから，力ずくの王位の交替が実現すると，議会が新王の即位を正当化する役割を担わされました。この時期の議会は，依然として国王による統治の協力者にすぎなかったとしても，その協力は新王による統治の安定にとって必須のものであったのです。王国の政治的混乱が繰り返されたこの時代に，議会がその機能を強化し制度的発展をとげられた背景には，そのような事情があったのです。

―― レッスン ――
・中世のイングランド議会と現代の日本の国会には，どのような違いや共通
　点があるでしょうか。
・地域の人々にとって，中央の議会に自分たちの代表が召集されることのメ
　リット・デメリットを考えてみましょう。

※28 Edward III（1312〜77），イングランド王（在位1327〜77）。父エドワード2世の廃位により
　　未成年で即位，3年後に実権を掌握。母はフランス王フィリップ4世の娘で，その関係からフラ
　　ンス王位の継承権を主張し，百年戦争を開始。

※29 Henry IV（1367〜1413），イングランド王（在位1399〜1413）。いとこにあたる前王リチャー
　　ド2世（Richard II）と対立，リチャードを破って廃位し，自らヘンリ4世として即位，ランカ
　　スタ朝の祖となった。

1．議会はどのようにして生まれたのか　35

2. 議会がどうして「主権」をもつようになったのか

（1）　近世国家の成長と議会

●

君主が強くなる時，議会はどうなる？

　ヨーロッパは15世紀の後半から18世紀にかけて，近世あるいは初期近代と呼
ばれる時代を迎えます。この時代，ヨーロッパではどのような変化が起こった
のでしょうか。近世の前半，15世紀後半から17世紀半ばにかけての時期，ヨー
ロッパの経済活動は全体に活発で，各国はヨーロッパ外の世界に積極的に進出
していく一方，ヨーロッパ内の国どうしの勢力争いも激しくなりました。当初，
特に新大陸（アメリカ）やアジアへの進出競争ではスペインとポルトガルが先
んじていましたが，17世紀に入る頃には，フランス，イングランド，スペインか
らの独立途上にあったオランダなどの国ぐにが，先行した大国スペインに対抗
する有力国として姿を現していました。この時期，それまで以上に強固なまと
まりをもつようになった各国は，領土を排他的に支配する，独立した主権国家
として互いに対立と妥協を繰り返しながら，ひとつの国際秩序（主権国家体制）
を形成していきました。多くの国では，君主が特に強い力をもった体制ができ
あがりつつあり，歴史研究者はそれを一般的に絶対王政というように呼ぶこと
もあります。しかし，歴史的背景を異にする国ぐにの統治体制には，当然いろ
いろな違いがありました。前の章で見た身分制議会に注目してみると，スペイン
のコルテスのように，絶対王政期になると力を失っていくものが多く，フラン
スの三部会の場合は1615年を最後に以後170年以上開かれないままになって
しまうのですが，同じく身分制議会から出発したイングランドの議会は，テュー
ダー朝下で王権の強化に協力しながら，自分たちの国政上の力をむしろ伸ばし

2．議会がどうして「主権」をもつようになったのか　37

ていきました。どのような経過をたどったのか，少し詳しく見てみましょう。

　イングランド王国は，バラ戦争後，1485年に成立し1603年まで続いたテューダー朝の統治下で，国としてのまとまりを強化し，統治機構を整備し，海外進出を開始します。19世紀イギリスは地球の陸地全体の4分の1以上を支配する大海洋帝国となりますが，その帝国の起源は，1588年に当時の世界の超大国であったスペインの無敵艦隊[※1]を破ったエリザベス1世[※2]治下のイングランドに求められます。しかし，国のまとまりを強化し，統治機構を整備するという点では，エリザベスの父ヘンリ8世[※3]の治世の後半，1530年代から40年代初頭に見られた動きが特に注目されます。この時期，イングランドは，超国家的な組織であったローマ・カトリック教会の力が国内におよんでくることを嫌い，宗教改革を断行しました。当時キリスト教会は一般の人びとの意識に強い影響力をもっていましたが，宗教改革によりプロテスタントの側に立ったイングランドには，国王を首長とするイングランド国教会[※4]が誕生し，教会裁判所が扱うような問題であってもローマ教皇庁の裁判所に上訴することができないことになりました。イングランド国内には，イングランド王を超える権威が存在しないことが示されたのです。宗教改革で，イングランド国内に莫大な土地財産をもっていた修道院も解散となりますが，その財産を国が没収して有効に利用するために，文書できちんと記録を残すなど，近代的な行政手続きをととのえた役所も新たに設置されました。このようにこの時期に国の役所が整備される動きは，テューダー統治革命と呼ばれています。

　イングランドでは，このように国単位のまとまりを強化し，役所を整備するなどして国家の力（当時にあっては王権）を強める動きが見られましたが，そのなかで議会が非常に重要な役割を果たしました。イングランド宗教改革史上

38

図9 エリザベス1世 無敵艦隊に対する勝利を記念して描かれた肖像画。

もっとも重要な文書は何かと言えば、おそらくは国王をイングランド国教会の首長と定めた国王至上法（Act of Supremacy, 1534年）が想起されるでしょう。しかし、よく考えてみると、これはかなり奇妙なことではないでしょうか。宗教改革でありながら、信仰についての宗教人の著作ではなく、教会の組織面を規定した世俗議会の制定法こそが重要だと考えられているのです。この事実

※1　アルマダ Armada. オランダの独立戦争を支援するイングランドに対してスペインが1588年に派遣した大艦隊。イギリス海峡でイングランド艦隊と戦い、大きな被害を受けた。

※2　Elizabeth I（1533〜1603）. イングランド女王（在位1558〜1603）。ヘンリ8世と二人目の妻アン・ブリンの結婚から誕生。異母弟、異母姉に続いて即位し、イングランド国教会を確立し、海洋国家イギリスの礎を築いた。

※3　Henry VIII（1491〜1547）. イングランド王（在位1509〜47）。テューダー朝第2代の王、生涯で6度結婚し、特にその二度目の結婚はイングランド宗教改革のきっかけとなった。

※4　Church of England, Anglican Church. 16世紀半ばの宗教改革によって確立されたイングランド王国の国定教会。キリスト教会を大きくカトリック（旧教）とプロテスタント（新教）に分けた場合、イングランド国教会はプロテスタントに属するが、教会組織の考え方などにカトリックに近い面があり、むしろカトリックとプロテスタントの中間に位置付ける考え方もある。

は，イングランド宗教改革が何よりも王国の統治にかかわる事件であって，か
つ議会が王権に協力してこの改革を進めていたことを端的に表しています。

　王権強化の取り組みに対する議会の協力の例は，この他にも枚挙にいとまが
ありません。イングランド宗教改革の一環で行われた重大な政策であった修道
院の解散も，修道院財産の利用のための役所の設置も，やはり議会立法を通し
て行われています。さらに，グレート・ブリテン島でイングランドの西隣に位
置したウェールズは，13世紀末以来，イングランドの実質的支配下にありまし
たが，修道院解散と同じ時期，1536年から1543年にかけて定められた議会制
定法によってイングランド王国に完全に統合され，以後，ウェールズ内の選挙
区から選出された議員もイングランド議会の庶民院に参加するようになります。
議会は引き続き国王の政策に協力する存在であったとしても，王国の統治にとっ
てきわめて重要な政策が議会制定法の形で次々と実現されていったことで，議
会がイングランド王国にとってもはや不可欠の統治機関となったことは明らか
でした。1549年には，議会の庶民院が恒常的な議場としてロンドン・ウエスト
ミンスター宮殿内のセント・スティーヴン礼拝堂を与えられることになりまし
たが，それも当時の国政における議会の地位の高まりを示すものでしょう。

「議会内の国王」とは？

　宗教改革とテューダー統治革命を議会制定法によって実現したヘンリ8世の
治世から，イングランド議会，特にその庶民院の重要性が高まっていったこと
は，彼の治世以降17世紀前半まで庶民院の議員定数が急増したことにも表れて
います。ヘンリ8世の即位後初の1510年議会の庶民院都市選挙区の議席数は
206（州選挙区を合わせた庶民院全体では284）でしたが，その40年足らずの

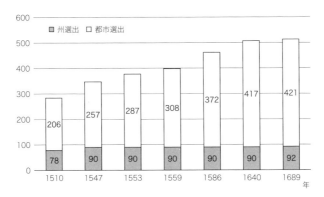

図10　イングランド議会庶民院の議席数

治世中に都市選挙区の議席は51増えました（その増加分のなかには，イングランド王国に統合されたウェールズの都市選挙区，さらにフランスのカレー市[※5]の議席も含まれています）。続くエドワード6世（Edward Ⅵ, 在位1547～53）とメアリ1世（Mary I, 在位1553～58）の短い治世中にも，合わせて51議席が増加し，さらにエリザベス1世治世45年間の約3分の2にあたる1559年から1586年までの間に都市選挙区の議席数は64増えて372に達します。この増加傾向はその後も続き，イギリス革命が勃発する1640年の長期議会では，州選挙区の議席数90，都市選挙区の議席数417，計507という数字になります。

　このような議員定数増を引き起こしたものは何だったのでしょうか。その答えはまだ完全に明らかになっている訳ではありませんが，議会を召集する国王やその側近たちの側の，庶民院議員をもっと統治に利用したいとの思惑と，地

※5　Calais. 百年戦争後も大陸に約100年間残っていたイングランド側の最後の拠点がカレー市で，同市からは1536年以降，同市が1558年にフランス側に奪われるまで，イングランド議会に代表が送られていた。

2. 議会がどうして「主権」をもつようになったのか　41

方の人びとの，宮廷・中央政界とつながる機会として議席を獲得したいという欲求の両者があいまって，庶民院の規模の急速な拡大がもたらされたと考えられるでしょう。

　このようにイングランド議会が，議員定数という量的な面でも活動の政治的重要性という質的な面でも成長をとげるにつれて，イングランドの国制（constitution，国家の基本制度）の特徴として議会の存在の大きさを強調する人びとが出てくるようになりました。サー・トマス・スミス[6]は，1565年頃に著したと考えられる『イングランド国制論』において，議会の議事手続きについて具体的に述べる一方，議会とともにいる国王は至上の権力を行使できるという国制理解を提示しています。そして，このような，単なる国王ではなく「議会内の国王」（King in Parliament）に主権を認める考え方は，同時代の他の思想家や政治家にも見られるものでした。もちろんそれは，議会の助言を受けることで国王は万能であるという国王優位の主張とも，また，議会に支えられなければ国王は統治を行いえない（議会こそが統治の要となる機関である）という議会主権論とも解されうる両義性をもっていて，人により，また時期により，いずれの面が優越していたのかは十分な検討が必要でしょう。それでも，さらに時代が進むとともに，このような思想から，より近代的で明確な議会主権論が出てくることは十分に考えられることでしょう。

　近世の前半期，ヨーロッパの有力国は相争い，それぞれに国家の力を強めるのですが，その際，多くの国では王権が強化される一方，身分制議会はスペインのコルテスの例のように力を失っていきました。繰り返しになりますが，フランスの三部会は，1614年召集のものを最後に，18世紀末のフランス革命まで開かれることがありませんでした。それに対して，イングランドの議会は，国家

の力を強化する諸改革を議会立法によって実現し，王権に協力しながらその地位を高めていったのです。そして，人びとは「議会内の国王」こそ主権者だと考えるようになっていきました。

17世紀初めのヨーロッパで，イングランド以外にもう一国，議会が国政のうえで強い力をふるっている有力国がありました。それは，スペインから独立したばかりのオランダ，正確にはネーデルラント（英語ではNetherlands）連邦共和国です。この国は，スペインからの独立戦争[7]を戦いぬいた七つの州を中心に構成された連邦国家で，連邦議会には各州から派遣された代表が集まりました。各地の住民が連邦議会に参加する州の代表を直接選ぶことはなく，また，この代表は連邦議会での表決に際して，しばしば州からの指示を求めてそれに従いました。その意味では，オランダの連邦議会には，一国の議会というより国際会議のような側面があり，イングランドの議会と同列に論じることはできません。しかし，スペイン王に対する忠誠を破棄して以後，共和国として，各州から連邦議会に集まった議員が会議体を通して国政を動かしていくというオランダの政治的経験は，以後ヨーロッパの知識人が国家統治と議会の問題を考える際には，ひとつの先例として意識されたものと思われます。

国王と議会の関係

テューダー朝下のイングランドでは，議会が，時に国王の政策を批判しつつ

---

[6] Sir Thomas Smith（1513〜77），イングランドの学者，庶民院議員，外交官。主著『イングランド国制論』は，死後出版された。

[7] オランダの独立戦争は，1568年の反乱に始まり，1581年の独立宣言を経て，1609年ようやくスペインとの12年間の停戦が成立した。しかし，正式に独立が認められたのは1648年のことである。

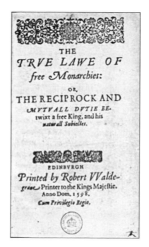

図11 『自由な君主国の真の法』（1598年）

も、基本的に王権に協力することでその政治的重要性を高めていました。しかし、1603年エリザベス1世が未婚のまま没し、スコットランド王ジェームズ6世がイングランド王ジェームズ1世[※8]として即位してステュアート朝が始まると、イングランドの国王と議会の関係に変化が現れます。スコットランドにも議会がありましたが、スコットランド議会はイングランド議会ほど強力な存在ではなく、ジェームズは、統治にあたって王は神にのみ責任を負うという王権神授説[※9]を主張し、『自由な君主国の真の法』という著作も著していました。ジェームズ1世と、1625年に王位を継いだ子のチャールズ1世（Charles I, 在位1625〜49）は、王権と議会が協力して統治するというイングランドの政治文化になじまず、バッキンガム公[※10]のような、限られた宮廷の寵臣に依存する政治を行ったことで、議会がその基本的機能としてもっていた地方社会と中央政界の間のコミュニケーションに不具合が生じることになったのです。

1628年，議会は，チャールズ1世が行ってきた，強制公債や献上金の強制，法的な手続きによらない逮捕・監禁，軍隊の宿営の強制割り当てなどによって人びとが苦しめられていることにイングランド人が有する歴史的権利に基づいて抗議し，議会の同意によらない課税，不法な逮捕などを行わないことを国王に求める請願を，5月下旬に貴族院と庶民院それぞれで通過させました。請願は国王に提出され，財政状況が悪化するなど政治的に追い詰められていた国王は，6月7日にいったんはそれに同意を与えました。その結果，庶民院と貴族院を通過した法案に国王が同意を与えると議会制定法になるという，すでに15世紀から確認されているルールに従って，この「権利（の）請願」（Petition of Right）は法的な効力をもつことになりました。権利請願は現在でも，13世紀のマグナ・カルタ，この後に述べる名誉革命直後の「権利（の）章典」などとともに，イギリスの国制を構成する特に基本的な法と位置付けられています。しかし，1628年8月に寵臣のバッキンガム公が暗殺されると，チャールズ1世は議会との対決姿勢を強めて翌29年3月に議会を解散してしまい，それ以後，彼は権利請願を認めませんでした。こうして，チャールズ1世治世の初期に，国王と議会が統治のうえで協力する関係を再構築しようとした試みは，失敗に終わったの

※8　James I（1566〜1625），イングランド王（在位1603〜25），スコットランド王家に嫁いだヘンリ7世の娘マーガレットの子孫にあたることからイングランド王位を継承し，ステュアート朝を創始。イングランドとスコットランドは，以後1世紀余り同君連合の関係となる。スコットランド王ジェームズ6世としての在位は，1567年から1625年。

※9　divine right of kings，王権は神から与えられたものであり，人民によって拘束されることはないとする思想。フランスのボシュエなどが代表的論者。

※10　バッキンガム公ジョージ・ヴィリアーズ（George Villiers, 1st Duke of Buckingham, 1592〜1628），1614年からイングランド宮廷に仕え，急速に昇進。16年には貴族に列せられ，23年には公爵となる。

です。

　1629年3月の解散以降，国王は11年間にわたって議会を召集しませんでした。エリザベス1世治世に国王と議会が相対的に協力的な関係にあった時でも，議会の開催は不定期で，何年間か開かれないといったことはありました。しかし，今回の議会不在期は11年間とことさらに長く，また，解散時に国王と議会，特に庶民院が激しく衝突していたことなどから，「議会内の国王」こそが主権者であるとされるイングランドの国制が，この時期になってうまく機能しなくなっていたと言うことができるでしょう。

　チャールズ1世は，1633年カンタベリ大主教となったウィリアム・ロード（William Laud），北部評議会議長やアイルランド総督を務めたウェントワース子爵（1640年にストラッフォード伯）トマス・ウェントワース（Thomas Wentworth, 1ˢᵗ Earl of Strafford）らを登用して，国教会の支配を強化し，財政を立て直して秩序を回復する「徹底政策」（Thorough Policy）をとりました。議会に依ることなく強権的な手法をとって進められたその改革は，伝統にのっとらない「イノベーション」と呼ばれました。1630年代，イングランド国内の秩序は一応保たれていたものの，船舶税の強引な徴収などで政治的不満が高まっていきました。さらに，同君連合の関係にあったものの，支配的な宗派を異にしていたスコットランドの教会にイングランド国教会の原理を強制しようとしたことは，スコットランドの人びとの反乱を引き起こす結果となりました。スコットランドの反乱を鎮圧するための軍事費の不足から議会の協力がどうしても必要となったチャールズ1世は，1640年春に11年ぶりの議会を開催することになりました。

（2）　17世紀イングランドの二度の革命

●

ついに国政の中心へ？―イギリス革命初期の改革と内戦―

　1640年4月13日，11年ぶりの議会が開かれました。チャールズ1世はすぐに新規課税の承認を求めますが，議会の庶民院はそれに応じず，11年間におよぶ国王の専制（無議会政治）を厳しく批判しました。議会を開催して軍事費を確保するとの思惑がはずれた国王は，5月5日に議会を解散したため，この「短期議会」（Short Parliament）は3週間で閉幕となってしまいます。しかし，間もなくスコットランド軍がイングランド北部に侵入し，賠償金支払いを余儀なくされた国王は，秋に二度目の議会召集に追い込まれ，11月3日に新たな議会が始まりました。この議会は1653年まで継続し，さらに1659年から60年にかけて一時復活したことから，「長期議会」（Long Parliament）と呼ばれます。この長期議会の庶民院が，イングランドの絶対王政を終わらせたイギリス革命（English Revolution, 1640〜60；ピューリタン革命 Puritan Revolution）の主要な政治舞台となりました。

　この議会では国王の無議会政治を批判する勢力が多数をしめ，国王側近のロード，ストラッフォード伯を捕らえて権力の座から逐う（前者は1645年，後者は1641年に処刑）とともに，1641年の夏にかけて，少なくとも3年に一度の議会開催を規定した3年議会法，国王大権に基づいて設置され，国王による専制の道具になったと見なされた大権裁判所（prerogative courts, 星室庁裁判所，高等宗務官裁判所，北部評議会等）の廃止法などを成立させて，無議会政治を復活させないための諸改革が進められました。これらの改革は，国王側が議会

2．議会がどうして「主権」をもつようになったのか　47

不在期に行った「イノベーション」を否定し，議会が重要な位置をしめるイングランド伝統の国制を復活させるのが基本的趣旨でしたから，議会では大半の議員が賛成していました。しかし，国王への不信感の強かった改革派が，改革の成果を守り，さらに徹底するために，軍事指揮権まで議会が握るとか，『大抗議文』（Grand Remonstrance）を公刊するなどして議会外の市民もこの運動に巻き込むとかいった，伝統的な国制の範囲を超える方針を打ち出すと，議会のなかにも，あくまでも改革を優先させる立場と，むしろ国王の側を擁護しようとする立場の対立が現れてきました。こうして長期議会は分裂し，1642年の夏には，議会派と王党派(おうとう)の間で内戦が始まりました。

　内戦が始まったことで，議会は否応(いやおう)なくイングランドを自ら統治する機関となりました。議会はそれまで，国政において重要な役割を果たすようになってきていたとはいえ，国王による統治を援(たす)ける存在にすぎなかったのですが，今

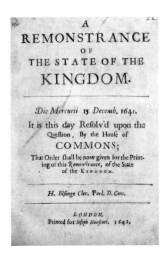

図12 『大抗議文』 庶民院は，反対意見を押し切って，1641年11月に『大抗議文』を採決し，12月にこれを公刊した。

48

や全イングランドを統治する立場になったのです。議会はスコットランドと協定を結び，軍隊を新たに編成して，王党派との内戦を進め，ひとまず勝利を得ました。この間，議会派のなかでは，国王との妥協を拒否して改革の徹底を求める独立派（Independents）と，より穏健な立場で国王と妥協し立憲君主制を樹立することで事態の収拾をはかろうとする長老派（Presbyterians）の対立が生じていました。また，内戦の過程で一大政治勢力となった軍隊の内部では，より民主的な政治体制を求める水平派（Levellers，平等派）が一般兵士の間で支持を広げます。水平派は，改革の徹底を望むにせよ，社会的にはより上層の人びとを支持基盤とする独立派が多かった軍幹部とぶつかることもありました。オリヴァ・クロムウェル[11]を指導者とする独立派は，王党派との戦いを完遂するためには水平派の支持を必要としており，1647年秋にはロンドン郊外のパトニ（Putney）で，水平派と独立派の政治討論が行われました。この討論のなかで水平派が提示した「すべての住民は選挙においても平等な発言権をもつべきである」という議論は，イギリス革命の過程では独立派に抑え込まれることになりましたが，近代民主主義を高らかに主張したものとして注目されます。翌48年第2次の内戦が起こり，独立派は水平派との関係を調整して王党派を打ち破り，イングランドの内戦は最終的に終わりました。

　1648年12月に独立派はプライドのパージ[12]で長老派議員を議会から排除し，独立派が優勢となった議会は，翌49年1月には国王チャールズ1世を裁判に

※11　Oliver Cromwell（1599〜1658），イギリス革命の中心的指導者。ジェントリの家に生まれ，1628年に初めて庶民院議員となる。議会軍を再編して，内戦で議会派を勝利に導いた。1653年護国卿となる。

※12　Pride's Purge，1648年12月6日，軍のプライド大佐が兵士を率いて，国王との和解をなおも主張する長老派の議員たちを議会から追放した事件。

2．議会がどうして「主権」をもつようになったのか　49

図13　チャールズ1世の処刑

かけて処刑しました。その後3月には貴族院と王制を廃止する法が，5月にはイングランドを共和国にする法が成立して，イングランドは一院制の共和国（Commonwealth，コモンウェルス）に生まれ変わることになりました。1640年に議会は，国王の統治の重要な協力者として議会を位置付けてきた伝統的なイングランドの国制を回復するという，ある意味で保守的な目的から，国王チャールズ1世の無議会政治を批判して改革に乗り出しました。それから9年後，イングランド議会は革命的に変化し，一院制の，共和国を統治する中心的な機関となっていました。それを実現する過程で，独立派は，より民主主義的な国制を構想して議会の支持基盤を広げることにつながる議論を展開した水平派を弾圧していました。そうした状況で，実質的な最高権力者となったクロムウェルは，1658年に死亡するまで，議会中心の安定した統治体制をいかに作り出す

50

図14 ランプ議会の解散

か，苦闘することになります。

革命は失敗だったのか―護国卿体制と王政復古―

　1649年以降，プライドのパージで長老派議員が排除された結果少人数となり，ランプ（rump, 残部）と呼ばれた議会が，新生共和国の政治の中心となりました。しかし，アイルランドやスコットランドの反対勢力を軍事的に制圧するのに忙しかったクロムウェル旗下の軍隊からは，残部議会の議員は自らの権力維持に執心する腐敗政治家と見えていました。1640年代にともに革命を遂行した議会と軍隊は対立を深め，1653年4月20日にはクロムウェルが兵士とともに議場に赴き議会を解散させてしまいます。その後，同年7月には各地の教会から指名された「信仰心の篤い」人びとを集めた「聖者議会」（Parliament of

Saints, Barebone's Parliament）が開かれますが，内部対立で12月には解散になりました。これに代わって成立した統治体制は，軍隊の士官会議が承認した成文憲法「統治章典」（Instrument of Government）に基づくもので，クロムウェルが護国卿として実質的に行政権を握り，議会は，護国卿の強大な権限を抑制する立場におかれました。統治章典下の議会制度は，議席がスコットランドやアイルランドにも与えられ，また，後の1832年の選挙法改正を先取りする議席配分が行われた点など，イギリス議会の歴史を考えるうえでは無視しえないものですが，護国卿政権の統治を安定させることはできませんでした。クロムウェルは1655年に議会を解散し，まもなく全国を管区に分けて軍政官（major-generals）に治めさせる軍政官制度を導入しました。このように，1650年代にはいろいろな統治体制が試みられたものの，いずれも失敗し，議会は安定した統治機関にはなりえませんでした。

　1658年9月にクロムウェルが没すると，護国卿政権はまもなく崩壊して長期議会が復活し，さらに1660年4月には総選挙を経て仮議会（Convention, コンベンション）が開かれました。仮議会は，前王の長男チャールズが出したブレダ宣言※13を受諾し，5月8日に彼を国王チャールズ2世（Charles II, 在位1660〜85）とする宣言が行われました。チャールズ2世は，市民の歓迎のなか，5月29日にはロンドンに帰還します。1650年代の共和政が安定しなかった以上，イングランドは「議会内の国王」を戴く伝統的な国制に戻らざるをえなかったのです。仮議会とは国王の召集令状なしに集められた，その意味では変則的な革命時に出現する議会のことで，議会は国王が召集するものであるという正統的国制理解を前提として，革命状態から平常に復帰しようとする時に開かれます。

　1660年の王政復古で，イングランドは国王が議会を召集する伝統的な国制に

52

図15 クラレンドン伯

戻りました。しかし、それはけっして革命の全面的敗北ではありませんでした。チャールズ2世はブレダ宣言で革命の事後処理を議会に委ねており、そのことは王政復古が父王治世の無議会政治への復帰ではなかったことを示しています。大権裁判所の廃止など、国王による専制を許さないための長期議会初期の改革は、王政復古時にもそのまま継承されました。1660年代初めから半ばの政権の中心人物クラレンドン伯[14]も、もともとは無議会政治を批判していた議員であったのです。

※13 Declaration of Breda。チャールズが1660年4月に亡命先のオランダの都市ブレダで出した宣言。革命中の反国王派の言動を、一部の例外を除いて不問にすることなどを約束。
※14 クラレンドン伯エドワード・ハイド（Edward Hyde, 1st Earl of Clarendon, 1609〜74）。イングランドの政治家。1640年に庶民院議員となり、46年皇太子チャールズ（後のチャールズ2世）とともにイングランドを逃れた。60年帰国し王政復古期最初の数年間の国政を指導したが、67年に失脚、フランスに亡命した。

2．議会がどうして「主権」をもつようになったのか 53

王政復古は国王と議会が協調して実現されましたが，1670年頃になると，国王の専制的傾向が再び現れてきます。チャールズ2世はフランス国王ルイ14世[15]と結び，イングランドをカトリック化する政策を志向していました。イングランド国教会とプロテスタント信仰を守ろうとする議会は警戒を強め，1673年に文武の公職への就任を国教徒に限る審査法[16]を成立させました。その後1670年代末には，カトリック教徒であることが明らかな王弟ジェームズを王位継承権者から除くことをめぐって，深刻な政治対立が生じました。この時，議会には二つのグループが生まれます。すなわち，イングランドのプロテスタント信仰を守るために議会制定法によってジェームズを王位継承から除くべきであると主張するグループ（ホイッグ Whig）と，国教会体制を強く支持しつつも，王権を尊重する立場から王位継承に議会が介入してジェームズの王位継承権を奪うことには反対するグループ（トーリ Tory）です。それぞれのグループの議員は議会内で連携した動きをするとともに，議会外の世論にも訴えて，選挙で自派の議員が多く当選するように努めました。こうしたグループは今日の政党の起源にあたるもので，国政上の問題を議論する場としての議会の地位がイギリス革命を経過して格段に高まった結果，王政復古期の議会に初めて現れたのです。

名誉革命後の議会はどんな存在？

　チャールズ2世は弟ジェームズの王位継承排除問題を強い姿勢で押さえ込み，晩年の4年間は議会も開かず，1685年に没しました。ジェームズの王位継承に反対していたホイッグの指導部は壊滅状態にされてしまっていて，彼は平穏裡にジェームズ2世（James II, 在位1685〜88）として即位しました。しかし，

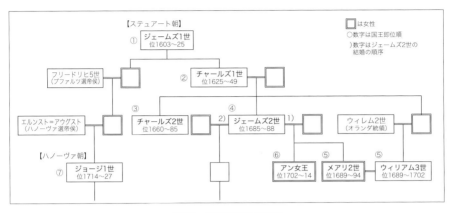

図16　名誉革命関係系図

彼が国王としてイングランドのカトリック化政策を強権的に進め始めると、以前彼の即位を支持したトーリも反国王へと転じることになります。そうしたなか、カトリック教徒の王妃が1688年6月10日に男児を出産しました。これによりジェームズ2世以後もカトリックの国王が続くという危険が現実味を増すと、6月30日、ジェームズの暴政からイングランド人を救ってほしいとの救援要請の書状が、トーリとホイッグの指導者7人の署名を付して、プロテスタント国オランダの統領ウィレム3世[17]に送られました。ウィレムの妻はジェームズの長

※15　Louis XIV（1638～1715）、フランス王（在位1643～1715）。王権を強化し、フランスの絶対王政を確立。17世紀後半には周辺諸国への侵略戦争を繰り返した。

※16　Test Act（1673）、文武の公職に就く者に、国王至上の宣誓を行い、国教会の聖餐を受けることを義務付けた。1828年撤廃。

※17　Willem III（1650～1702）、オレンジ公、オランダ統領（在任1672～1702）としてフランス王ルイ14世の侵略と戦う。1689年イングランド王ウィリアム3世（William III, 在位1689～1702）となる。

2．議会がどうして「主権」をもつようになったのか　55

図17　1689年2月13日　この日,「権利宣言」が読み上げられた後, ウィリアム3世とメアリ2世は王位に就くことになった。

女メアリでしたが, 彼女はプロテスタントとして育てられていました。

　ウィレムは, オランダの防衛上からもイングランドのカトリック化を阻止する必要があり, この要請を受諾して同年11月5日イングランドに侵攻してきましたが, 国民の大半の支持をすでに失っていたジェームズは戦うこともできず, 12月下旬には海外へ逃亡しました。国王不在の事態をどう解決するかは, ウィレムが1689年1月22日に開いた仮議会に委ねられ, 2月13日, イングランド人の古来の諸権利を確認する「権利宣言」(Declaration of Rights) が提示された後, ウィレム3世と妻メアリがそれぞれウィリアム3世とメアリ2世 (Mary II, 在位1689〜94) として共同で王位に就くこととなりました。前王の暴政を流血によらずに終わらせ,（仮）議会でイングランド人の権利を確認したうえで次の国王を決定したというこの過程は, 名誉革命 (Glorious Revolution) として, 以後, 長くイギリス人が誇るところとなっています。

　こうして新国王・女王が決まると, 仮議会は1689年2月23日に正式な議会で

あると確認され，以後，寛容法[18]をはじめとして，重要な法律を成立させていきます。なかでも1689年12月に成立した「臣民の権利および自由を宣言し，王位継承を定める法律」すなわち「権利（の）章典」（Bill of Rights）は，先に言及した「権利（の）請願」とともに，今もイギリスの国制を構成する，特に基本的な法のひとつに位置付けられています。イングランド人の歴史的権利を確認するためのこの法律は，具体的には議会の権能や議会制定法の効力について述べていて，議会は，自らを広くイングランド人の権利を体現し擁護する存在と規定するようになったのです。

　名誉革命後になると，イングランド国制論では議会主権の考え方が確立します。テューダー朝期と同じく，主権は「議会内の国王」にあると表現されるのですが，この表現において議会こそが主であることはもう明らかです。議会は王位継承法[19]を定めて，誰が国王になるのかも現実にコントロールできるようになっていたからです。1714年にアン女王[20]が没すると，1701年の王位継承法に従って，ドイツの貴族であるハノーヴァ（英語でHanover）選帝侯がイギ

※18　Toleration Act（1689），プロテスタント非国教徒に一定の範囲で信仰の自由を認めた法律。同法によって，非国教徒は弾圧されることはなくなったが，審査法の規定で公職に就けないなどの差別を依然として受けていた。

※19　Act of Settlement（1701），ウィリアム3世，およびその後継のアン女王が子孫を残さず死亡した場合，ドイツのハノーヴァ選帝侯家に王位が移ることを規定した。名誉革命直後の権利章典も，より長文のタイトル（臣民の権利および自由を宣言し，王位継承を定める法律）が示すように，王位継承法という一面をもっており，カトリック教徒を王位継承権者から除いている。

※20　Anne（1665〜1714），ステュアート朝最後のイギリス女王（在位　イングランド女王1702〜07，グレート・ブリテン女王1707〜14）。ジェームズ2世の娘，義兄ウィリアム3世の死により女王となる。その治世中の1707年イングランド王国とスコットランド王国が合同して，グレート・ブリテン王国となる。

リス王ジョージ1世[21]となり，現在に続くイギリス王家の祖となりました。また，庶民院，貴族院，国王の三者が一致して初めて法律ができるというのが議会立法の大原則ですが，議会の二つの院を通過した法案に国王が同意を与えなかった事例は1708年3月を最後に途絶えてしまっています。議会（二院）は18世紀には，原理的にもはや誰からも制約を受けない存在になったのです。法学者ド・ロルム[22]の有名な言葉「イギリス議会は，女を男にし，男を女にする以外のすべてをなしうる」は，18世紀イギリス議会の権能の大きさをよく表しているでしょう。

　名誉革命後，イングランドはすぐにフランスとの戦争を開始しましたが，その結果，政府は財政的に議会に依存することになりました。議会は毎年開かれるようになり，政府は議会で毎年の予算を承認してもらう必要があったのです。議会，特に財政案件を審議する庶民院は，与野党の政治家間でしばしば激しい論戦が戦わされて内政・外交政策の方向性が決められる国政の主要な舞台となりました。王政復古期に誕生したホイッグ，トーリといった政党は，まだまだ有力政治家の個人派閥を緩やかに結び付けたような存在にすぎず，いずれの党派にも属さない独立性の強い議員も数多く存在したので，近代的な政党政治がすぐに展開されるようになった訳ではありません。それでも，だんだんと大臣には同じ党派の政治家が起用されることが多くなり，政権ごとの党派色がはっきりと出るようになっていきました。例えば，アン女王治世の半ばにはホイッグの政権がスペイン継承戦争におけるフランスとの戦いに熱心に取り組んでいましたが，1710年の総選挙でホイッグが敗れトーリが圧勝すると，閣僚の多くがトーリの政治家に入れ替えられて，トーリ政権がフランスとの早期講和をめざすことになりました。

図18　ロバート・ウォルポール

　このように議会の政治的な力が強くなったことで，代々の政権は議会内の多数の支持を確保しつつ国政を運営していかなければならない，多数の支持が確保できなければ政権交代となるという政治の仕組み，現在の議院責任内閣制の原型ができあがりました。すると，同じ党派からなる大臣たちのチームを率いて議会の審議を乗り切っていくリーダー役の政治家，すなわち首相（prime minister）がどうしても必要になってきます。18世紀に入ると，そうした役割の政治家の存在が徐々にはっきりしてきますが，なかでも21年間にわたって第一大蔵卿（First Lord of the Treasury）兼大蔵大臣（Chancellor of the

---

※21　George I（1660〜1727），ハノーヴァ朝最初のイギリス王（在位1714〜27）。ジェームズ1世の曽孫で，ドイツの貴族（ハノーヴァ選帝侯）家に生まれ，1714年イギリスの王位に就いた。これ以後のイギリス王・女王はすべて彼の子孫。ジョージ1世は，現在の女王エリザベス2世から親，祖父……と9代をさかのぼった先祖にあたる。

※22　Jean-Louis de Lolme（1740〜1806），ジュネーヴ出身の法学者。同市の寡頭勢力と対立しイギリスにやって来て，『イギリス国制論』（1771）を著した。

2．議会がどうして「主権」をもつようになったのか　59

図19 ダウニング街10番地

Exchequer）の職を務めたロバート・ウォルポール[※23]はその役割を見事に果たし、以後は彼と同じような役割を果たすべき首相が決められるようになりました。このことから、ウォルポールは初代首相と考えられています。彼は1732年に、議会議場のあったウエストミンスター宮殿からほど近いダウニング街10番地（10 Downing Street）に国王から邸宅を与えられて住むことになるのですが、この邸宅は現在に至るまでイギリスの首相が住む官邸として用いられています。

レッスン

- 16世紀から18世紀初頭までのイングランド史上の重要な出来事を挙げ、それぞれに議会がどのようにかかわったかを調べてみましょう。
- イングランドで議会主権が確立するうえで最も重要と考えられる出来事は何でしょうか。そのように考える理由とともに述べてください。

※23 Robert Walpole（1676〜1745），イギリスの首相（在任1721〜42），ホイッグ党の政治家。
1701年から庶民院議員。

3. 議会と民主政治はどのように
結び付けられたのか

（1） 近代国家の始まりと議会

●

古い選挙制度でも利害は代表できる？

これまでに見てきたように，18世紀のイギリス（1707年まではイングランド王国，1707年以降は，イングランド王国とスコットランド王国の合同の結果成立したグレート・ブリテン王国）では，17世紀の二度の革命を経て議会主権が確立し，毎年開催されるようになった議会では，活発な論戦が繰り広げられ，社会が必要とする法律が，議会制定法として次々に生み出されていました。それに対して隣国フランスでは，1789年の革命勃発まで，18世紀を通じて三部会が開かれることはありませんでしたし，他のヨーロッパ大陸諸国でも，身分制議会がイギリス議会のように成長して国政のうえで重要な役割を，しかも安定的に果たしたという国はありませんでした。その意味で当時のイギリスの議会政治は先進的と言えますが，しかしこの政治に直接かかわることができたのは，国民の一部に限られていました。

議会の構成を考えると，貴族院（上院）のメンバーは，個別に召集を受ける200人から300人ほどの爵位貴族と，26人のイングランド国教会の高位聖職者のみでした[1]。庶民院（下院）には，それよりもずっと多い，全部で500人以上の地域共同体（州・都市）の代表が集まっていましたが，議員に歳費支給もない当時，実際に議員を務めることができたのは，爵位貴族やそれに準ずる大地主であった有力ジェントリ（両者を合わせて地主貴族 aristocracyと呼んでい

---

[1] 1707年の合同以後，スコットランドの代表貴族（representative peer）16名がウエストミンスターの議会の貴族院に加わった。

3. 議会と民主政治はどのように結び付けられたのか　63

図20　18世紀半ばの庶民院議場

ます)の家に生まれた者や,中流層の最上位に位置した富裕な商人や専門職業人にほぼ限られました。厳守されていた訳ではありませんが,庶民院議員の収入の下限を定めた法律も作られていました。また,庶民院議員選挙の選挙権については,州選挙区では15世紀前半以来,イングランド全域で一律に年収40シリング以上の自由土地保有者が有権者とされていた一方,都市選挙区では選挙区ごとの歴史的経緯が異なり,千差万別の有権者資格の規定がありました。かなり広範な有権者がいる都市もありましたが,有権者がほんの数人という選挙区もあったのです。18世紀イギリスの庶民院議員選挙の有権者は全体で30万人から40万人程度と考えられ,これは成人男性人口のせいぜい20パーセント程度であったと思われます。18世紀イギリスの議会政治は,広く国民を代表する議

図21　オールド・セーラム（1723年）

会民主政治（parliamentary democracy）ではなく，少数者のみがそこにかかわることのできる議会寡頭政治（parliamentary oligarchy）であったのです。

　さらに，庶民院の議席配分が，中世から近世初頭という古い時代から引き継がれたままで，社会の現実に合っていなかったという問題も，当時の議会の代表（representation）機能を弱めていたと言えるでしょう。腐敗選挙区[※2]と呼ばれた有権者がごく少なくなってしまった都市選挙区も多数存在していて，そうした選挙区のなかでも極端な例として知られるヴィルトシャのオールド・セーラム（Old Sarum, Wiltshire）では，住民はもう誰もおらず，緑の野で羊が草を食んでいるだけであったと言われています。逆に，18世紀になって急成長し，国の経済や社会にも大きく貢献するようになっていたマンチェスタ（Manchester）やバーミンガム（Birmingham）のような商工業都市は，都市

※2　rotten borough，中世から近世初期に栄えていて都市選挙区の資格を与えられたが，その後18世紀になると寂れてしまっているにもかかわらず，引き続き独立の都市選挙区として議席を保持していた選挙区。多くの腐敗選挙区は，1832年の第1次選挙法改正で議席を奪われた。

3．議会と民主政治はどのように結び付けられたのか　65

図22 『ジェントルマンズ・マガジン』 1731年創刊の月刊誌。図は，1759年5月の扉。

選挙区としては認められず，その住民が選挙に参加しようとすれば，周辺の農村部の有権者と一緒になって州選挙区で投票するしかなかったのです。

　しかし，このように旧態依然たる選挙制度を基盤としながらも，18世紀のイギリス議会は，海外への進出を積極的に進め，産業革命に向けて成長しつつあったイギリス社会の声に比較的よく応えることができていたように思われます。その秘密はどこにあったのでしょう。新聞，雑誌などの政治ジャーナリズムの成長が議会外の世論と議会内の議論とを結び付け，様ざまな利害集団は，必要に応じて地域を超えて連携しながら，請願を提出して，自分たちの主張を効果的に中央の議会や政府に伝える[※3]技術を磨いていました。議員の側にも，議会外のこうした新しい動きに，仮にそれが自分の選出されている選挙区のことではなかったとしても，積極的に応じよう（すなわち，いろいろな利害を選挙区には関係なく実質的に代表しよう）とする者もおり，旧態依然の選挙制度のた

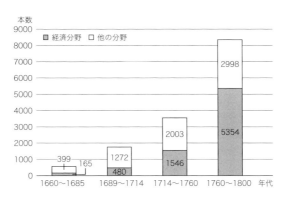

図23 議会制定法（1660～1800年） 経済分野の法律とその他の分野の法律。

めに現実社会と切り離されているようにも見える議会，特に庶民院にも，広くイギリス社会の現実に統治機関として対応する力が存外にあったのです[※4]。18世紀のイギリス議会は制度的には古くからの歴史を引きずっていて，きわめて寡頭的でしたし，議員の大多数をしめていた地主貴族出身の政治家の多くは，選挙制度を変更してまで，その寡頭的性格を改めることに消極的でした。しかし，実際の統治機関としての議会の活動，例えば，1714年から1800年までに経済関係の法律を6900本成立させた（特に1760年以降は，成立本数が年平均130本以上に達する）といった事実を見ていると，国民や社会の現実をより正確に反映＝代表する近代議会へと脱皮する準備はそれなりに進んでいたと思われます。

※3　現代アメリカなどの政治を分析するにあたっては，こうした活動はロビー活動（lobbying）と呼ばれる。
※4　他方，庶民院議員は，何よりも自分の選挙区の有権者の意向とその利害を大切にしなければならないという考え方も，18世紀のイギリスには根強く存在していた。

イギリスでは，18世紀の後半に入ると，旧態依然たる議会，特にその選挙制度を改革しようとする運動，議会改革（parliamentary reform）運動が姿を表し，議会の内外でその主張を広め始めます。その動きは，アメリカ独立革命やフランス革命という政治変革の世界史的大事件が身近で起こったことに刺激されてさらに勢いを増し，次の節で見るように，1832年以降，数次にわたって行われた議会改革＝選挙法改正を実現する原動力となりました。ただ，19世紀半ばのチャーティスト運動※5をはじめ，イギリスの議会改革運動が，ごく一部の例外を除いて暴力的なものにならず，その結果として実現したものも革命などではなく，穏健な改革であったという事実も，また忘れるべきではないでしょう。その背景には，名誉革命後，国政の中心に位置した議会の統治機関としての勤勉さや優秀さがあったと考えられます。

「代表なくして課税なし」とは？

　イギリス議会が近代議会へと脱皮する準備を実際の統治機能の面で進めていた18世紀の後半，それ以後の世界の議会の歴史にも大きな影響を与えることになる大事件が立て続けに起こりました。そのひとつがアメリカ独立革命です。

　17世紀から18世紀の前半にかけて北アメリカの大西洋岸に成立したイギリスの13植民地は，七年戦争※6後，イギリス本国の植民地課税政策に強く反発し，1775年には独立戦争が始まり，翌76年の独立宣言の発表を経て，83年にパリ条約で独立が認められます。独立を達成したアメリカは，1787年には新たに憲法を制定しました。こうして誕生したアメリカ合衆国の議会（連邦議会）については，次の点が特に注目されます。

　まず，アメリカの議会は，イギリス議会の海外植民地に対する統治権を否定

するところから出発していました。先に見たように，18世紀のイギリスには，議員はその選出区に関係なくいろいろな利害を実質的に代表できるという考え方があり，その考え方に従うならば，たとえ植民地から直接代表が議会に送られていなくても，例えば植民地貿易が盛んなブリストル（Bristol）のような都市から選出された議員は植民地の利害も考慮するので，植民地の人びとも実質的に代表されていると理解されました。しかし，アメリカの人びとはそのような考え方をとらず，「代表なくして課税なし」[7]とすっきりと明解な主張を展開しました。その明解さは，アメリカ議会，特に下院の議席配分が，きわめて機械的に人口比で行われていることに通じるものです。18世紀末にイギリス議会とアメリカ議会で同じ「代表」という言葉を使っても，その働きをどのように想定するかで，議席配分など議会の制度設計も当然違ってこざるをえないのです。

　第二の点として，アメリカの議会では，三権分立の思想が徹底されています。イギリスの議会は歴史的に，国王の手を法律文書で縛ることよりも，むしろ国王の統治に協力し，それを援けるなかで，王政が専制に陥るのを防ぐという役割を果たし，やがて議会の優越が議会主権という形で確認されました。その限りにおいて，司法，立法，行政の区別はあいまいなままになっており，その傾向

※5　Chartism，1830年代から50年代にかけてイギリスで展開された議会改革を求める民衆運動。普通選挙権，議員財産資格の撤廃などの6項目の要求を掲げて，議会民主政治の実現をめざした。

※6　Seven Years' War（1756〜63），フランスなどと同盟したオーストリアと，イギリスの支援を受けたプロイセンが戦ったヨーロッパの有力国間の戦争。ほぼ時を同じくして，イギリスとフランスは，アメリカ，インドなどヨーロッパ外でも植民地争奪戦を展開した。

※7　「代表なくして課税なし」（No taxation without representation）は，1760年代から本国による北米植民地への課税に反対するために用いられた論理。遠く離れた本国議会に植民地から代表を送ることは実際問題としては考えられないため，植民地に対する本国の課税権を全面否定したものとなっている。

3．議会と民主政治はどのように結び付けられたのか　69

は現代まで残っています。議会の貴族院は司法府である最高裁判所を長く兼ねてきましたし，特に18世紀以降は立法府である議会の議員のなかから行政府の長である首相が選任される，という仕組みが定着したのです。しかし，植民地時代に本国の圧政に対する抵抗から独立に至ったアメリカの憲法では，三権は分離されていて相互にチェックし合い，いずれの機関もけっして暴走できないようにするという意図が強く感じられます。議会は行政府の長である大統領（president）を，ごくごく例外的な手続きである弾劾によらない限り，退かせることができませんし，逆に行政府の政治的判断で議会が解散されるということもアメリカでは起こりません。

　最後に，アメリカ合衆国は，もともと別々の13の植民地が連合してイギリスからの独立を勝ち取ったという歴史から，州の権限がきわめて強い連邦制の国家で，そのことが議会の構造にも表れています。アメリカの連邦議会はイギリス議会と同様に二院制をとっていますが，二院の意味合いはまったく異なっています。イギリスの貴族院・庶民院という二院は，もともと身分制議会であったイングランド議会に参加した人びとの身分別に由来していますが，アメリカでは，上院（元老院）が連邦国家の議会としての性格を体現して，州議会が選んだ各州一律2名の議員が参集し，下院（代議院）は国民個々の代表を集めた院として，人口比で各州に配分された数の議員が直接選挙で選出されたのです。上院議員は，1914年の選挙から国民による直接選挙で選ばれることになりますが，それ以前は，あくまで各州政府の代表であったのです。その意味で，上院は当初，スペインから独立した後のオランダ（ネーデルラント連邦共和国）の連邦議会に近い存在であったと言えます。逆に言えば，近世オランダの連邦議会は，18世紀末に誕生したアメリカの連邦議会のように国民が直接選ぶ代議院を

図24 1789年の三部会

備えていなかったので,私たちが考える意味での議会ではなかったというようにも言えるかもしれません。

議会民主政治とフランス革命

　アメリカの連邦議会が合衆国憲法のもとで発足した1789年,ヨーロッパではフランス革命が勃発します。フランスでは,17世紀に王権が強化され,絶対王政が確立しましたが,18世紀後半,特にフランスも参戦したアメリカ独立戦争の後は,財政の悪化から,政治,社会全般の改革の必要性が明らかとなり,そのために1789年5月三部会が174年ぶりに開かれました。しかし,この古い三部会の仕組みでは問題に対処できず,改革を強く求める第三身分（平民）が中心となって三部会を新しい憲法制定国民議会に組み替えて7月に成立させました。この議会が,フランス革命最初の2年間の政治的舞台となりました。

　憲法制定国民議会は,1789年8月26日に人権宣言を採択しました。そこでは,

人間は自由かつ権利において平等なものとして生まれること，また，あらゆる主権の原理は本質的に国民に存することなどが高らかに宣言されました。こうした立論は，近世イギリスの議会主権の確立過程で，イギリス人（臣民）の古来の，また歴史的な権利がその論拠として用いられてきた[8]のとは対照的です。国民議会が革命初期の段階から見せたこの原理性が，フランス革命による変革の徹底性を可能にし，また変革の動きを他の国や地域に広がりやすくさせたと考えられます。

　1791年9月，一院制議会をもつ立憲君主政を定めた憲法が発布され，議会選挙権の財産資格は厳しかったものの，国民が選挙で選んだ議会が中心に置かれた新しい政治体制が始まりました。新体制の議会（立法議会[9]）は同年10月に発足しましたが，翌92年春オーストリアとの戦争が始まり，フランスは危機的な状況に追い込まれます。国内の政治的緊張が高まるなか，92年8月にパリの民衆が義勇兵とともに国王のいたテュイルリー宮殿（Palais des Tuileries）を攻撃し，王権を停止させるという事件が起こりました。1791年憲法の定める体制は崩壊し，92年9月には，男性普通選挙により選ばれた新議会（国民公会[10]）が成立し共和政を宣言したうえで，革命をさらに進めることになります。こうして，主権は国民にあるとの理念を掲げていた革命のなかで，財産資格制限のない普通選挙制によって国民が選んだ議会が国政を主導するという体制が成立し，議会制度と民主政治の結び付きが初めて現実のものとなったのです。17世紀半ばのイギリス革命期には水平派がそれに近い主張を展開しましたが，水平派は弾圧されて，国王処刑後の共和政期にも議会民主政治が実現することはありませんでした。それに対して，フランス革命下では，一時的にせよ議会民主政治が実現したことは，その後のフランスはもとより他国の議会の発展にとって

も非常に大きな意味がありました。

　フランス革命の政治体制は，1792年9月の国民公会の成立後も，95年11月から二院制議会の総裁政府（Directoire），さらに99年11月からは統領政府（Consulat）と目まぐるしく変化し，1804年にはナポレオン※11の帝政に至ります。この帝政の樹立は，国民投票で圧倒的な支持を得て最終的に承認されました。フランス革命下で議会が主権者たる国民の意思を代表するという理念が確立した一方で，革命の継承者としての面ももつナポレオンは，議会の決定を得るだけでなく，直接国民の意思を国民投票で問うというやり方で，統治体制を自らの望む方向に動かす途を選んだのです。そこには，（例えば現代イギリスのEU離脱のような）国家の重要事項については，議会の審議でなく国民投票の結果で決めるべきであるといった議論をどう受け止めるべきかという現代議会政治の難問が，すでに見え始めていました。

※8　すべての人間は平等に造られたと独立宣言において宣言したアメリカ独立革命の場合，植民地人のイギリス本国政府への抵抗としてそれが始まった時期には，自分たちにもイギリス人としての歴史的権利が認められるべきであるという論理も用いられていた。

※9　Assemblée législative，1791年10月に開会，92年9月に解散した一院制の議会。745名の議員は，1791年憲法に従い制限選挙で選出された。

※10 Convention nationale，1792年9月20日に開会，95年10月まで存続した一院制の議会。定員749名の議員は，王権が停止された状況下に普通選挙で選出された。9月21日共和政を宣言し，以後，共和国革命政府の中心的機関としての役割を担った。

※11 Napoléon Bonaparte（1769～1821），フランス皇帝ナポレオン1世（在位1804～14，15）フランス革命期に軍人・政治家として頭角を現し，統領政府の第一統領を経て，皇帝となる。

3. 議会と民主政治はどのように結び付けられたのか　73

（2） 議会民主政治はどのように世界へ広がったか

●

議会を開こう！

　フランス革命と，その継承者としての皇帝ナポレオンの出現は，19世紀ヨーロッパに大きな影響を与えました。絶対王政を終わらせ，選挙（しかも，時期によっては民主的な普通選挙）に支えられた議会を中心とする統治体制を樹立することで，フランスは国民のエネルギーをそれまでにないほど効率的に動員することが可能となり，ナポレオンの「大陸体制」[※12]に象徴されるようにきわめて強大な力をもった存在になりました。各国はそれに対抗して，自国の強化に取り組むことを余儀なくされたのです。また，各国は，より長期的，あるいはより根本的な政策課題として，いち早く産業革命を本格的に展開しつつあったイギリスからの経済的脅威に対抗して自国の産業を守り育てていかなければなりませんでした。実際，フランス革命とナポレオンの帝政自体が，イギリスの経済的脅威にさらされたフランスのひとつの対応であったという言い方もできるかもしれません。いずれにせよ，19世紀ヨーロッパでは，その改革の広がり，深度（徹底性），速度などにはばらつきがあるものの，いずれの国も国家と社会の近代化のためのいろいろな改革を進めていかざるをえず，その改革の重要な柱のひとつが議会制の導入であったのです。

　ナポレオンに敗れて一度は国家存亡の危機に陥りながら改革を進めて国力を回復し，最後にはプロイセン=フランス戦争（1870〜71）に勝つことで長く分裂状態の続いていたドイツの統一に成功したプロイセンの例は，よく知られています。プロイセンは1807年に屈辱的と言われるティルジット条約[※13]を結びま

したが，その直後から，農奴解放，教育改革や軍制改革を急速に進めて国の近代化に努めました。シュタイン，ハルデンベルクらによる，いわゆるプロイセン改革です。彼らは，国民の政治参加を広げるための議会構想ももっていたと考えられますが，ユンカー※14など伝統的支配勢力が依然として強い力を有していたため，19世紀初頭には，憲法の制定，議会の設置などはまだ行われませんでした。

　その後，1848年に再びヨーロッパを革命の嵐が襲い，ドイツでは三月革命※15が勃発すると，統一ドイツの憲法制定のためのフランクフルト国民議会が開催されます。翌49年，二院制議会と世襲君主（皇帝）制を規定した国民議会のまとめた憲法は，プロイセン王フリードリヒ・ヴィルヘルム4世※16が認めず，その後再燃した革命運動もプロイセン軍の手で弾圧されて，ドイツ三月革命は失敗に終わりました。しかし，プロイセン王もこの時期になると憲法や議会制

※12　英語でContinental System，ヨーロッパ大陸の大半を支配下に入れたナポレオンが，フランスに敵対するイギリスに対抗して，大陸の港湾を封鎖しイギリスと大陸の貿易を遮断することをめざした体制。

※13　英語でTreaty of Tilsit（1807）。1806年10月のイエナの戦いでナポレオンに敗れたプロイセンが翌年7月にフランスとの間で結んだ講和条約。エルベ川左岸やポーランド分割で獲得した領土を放棄させられ，賠償金を課せられるなど，プロイセンにとって屈辱的内容であった。また，その直前に結ばれたロシアとフランスの間のティルジット条約では，ロシアがナポレオンの大陸体制に協力することを約束した。

※14　Junker，ドイツ東部，エルベ川以東の地域の有力な地主。近世を通じて封建的な領主支配を維持し，19世紀に入って資本家的な経営者に転じた後も，農村での支配的な地位は揺るがず，近代ドイツの政界・軍で大きな影響力をもち続けた。

※15　Märzrevolution，1848年のフランスの二月革命勃発後に革命運動がドイツ，オーストリア，ハンガリーなどに波及し，3月半ばのウィーンとベルリンの蜂起を皮切りにドイツ各地で展開した革命の総称。

※16　Friedrich Wilhelm IV（1795～1861），プロイセン王（在位　1840～61）。1849年フランクフルト国民議会からの帝位の申し出を受けず，小ドイツ主義によるドイツ統一をめざした。彼の後を継いだ弟のヴィルヘルム1世が，1871年ドイツ皇帝となった。

3.　議会と民主政治はどのように結び付けられたのか　75

図25 フランクフルト国民議会

を導入する必要性を認め，1850年に欽定憲法※17を公布し，強大な国王の権力を確保しつつ議会を設けました。プロイセン議会下院の選挙制度は，納税額に応じて選挙権に格差のある三級選挙制※18ではありましたが，それでも広く25歳以上の成年男性市民が国政にかかわる道筋がつけられたのです。

　以上がプロイセンの議会制立憲政治導入の経緯です。同様に多くの国が，18世紀末までに議会が国政の主要機関となっていたイギリス，アメリカ，フランスなどの事例にも学びつつ，そして，それぞれの国の歴史的状況に応じて議院構成や権限，選挙制度などを大きく異にしながら，議会制を導入していきます。そのなかには，中世末から続く身分制議会が1866年に近代的な二院制議会に切り替えられたスウェーデンのような事例も見られました。また，導入の遅れたロシアでは，憲法が公布され，議会（ドゥーマ Duma）が開設されたのは，20世紀に入って1906年のことになります。こうして19世紀のヨーロッパで，議会は近代国家にとって当たり前の存在になっていったのです。

図26　第1ドゥーマの開会

　19世紀に議会制が広まっていくのは，ヨーロッパにとどまりませんでした。ラテンアメリカでは，フランス革命の影響を受け，特に，多くの植民地を有していたスペインがナポレオンに占領されるなどして混乱したことから，1810年代から20年代に多数の国が独立を達成する過程で，議会制が広まりました。また，アジアにおいても，欧米諸国による植民地化を免れ19世紀後半に近代国家として国際社会に登場した日本では，1889年に大日本帝国憲法[19]が発布され，翌90年には貴族院・衆議院の二院制の議会が成立しました。大日本帝国憲法下の

※17　国民に主権があるという考え方に基づいて作られる民定憲法に対して，君主の意思により制定され，国民に上から与えられた憲法。
※18　ドイツ語でDreiklassenwahlrecht，普通選挙権を認めつつも，納税額の多寡により有権者を三つのグループに分け，多額納税者がより多くの議員を選出できるようにした不平等なプロイセンの選挙制度。
※19　1889年公布，90年施行された日本の欽定憲法で，第二次世界大戦後の日本国憲法の施行まで半世紀以上にわたって存続した。実質的に機能したアジア初の近代憲法で，1850年のプロイセン憲法に範をとって策定された。

議会の権限には種々の制約があったものの,議会を中心とした政治が以後展開されていくことになります。他方,オスマン帝国においては,1876年に西ヨーロッパの自由主義的な憲法にならったミドハト憲法[20]が発布され,議会も召集されましたが,同憲法は1年余りで停止されてしまい,復活するのは30年後のことでした。また,19世紀には,カナダ,オーストラリア,ニュージーランド,ケープ植民地(南アフリカ)等,世界各地でイギリスの白人植民地が発展しましたが,そこでは比較的早くから自治のための植民地議会が設けられ,それらは実質的に独立国の国政を担う議会のような存在となっていきました。なお,フランスでは,海外植民地の代表が本国議会に送られていましたが,イギリスではそうしたことはありません。そこには,両国の植民地統治に対する考え方の違いが表れているように思われます。

普通選挙権定着までの長い道のり

　18世紀末のアメリカ独立革命とフランス革命以降,まずは西洋諸国におい

図27　オスマン帝国第一議会（1877年）

て，国民の支持を固めて強い国家を実現するために，漸進的な方法によるのであれ，革命的な方法によるのであれ，国政により広く国民の声を取り入れることのできる議会制を樹立し議会政治を民主化していくという方向性がはっきりと見えてきました。この議会政治の民主化の前提となるもっとも基本的な条件は選挙権の拡大で[21]，その最終的な到達点は普通選挙権（universal suffrage）でしょう。この項では，普通選挙権が多くの国ぐにで当然のものとして受け入れられるようになるまでの過程を見ることにします。

　まず，フランス革命中の1792年から21歳以上の男性普通選挙権を初めて導入したフランスでは，その後，半世紀以上にわたって革命的な体制変革の動きが繰り返され，その度に国政選挙の有権者の資格も変動しました。1795年憲法では，直接税納付者の制限選挙に戻り，さらに王政復古後の憲章（シャルト）[22]では，税額年300フラン以上といういっそう厳しい制限が付け加えられました。1830年の七月革命[23]では，基準税額は若干下がったものの，依然として厳し

※20　オスマン帝国の大宰相ミドハト・パシャ（Midhat Paşa, 1822〜84）が制定した自由主義的憲法。ミドハト・パシャは，憲法制定後まもなく保守派の巻き返しにより失脚した。

※21　二院制の議会制度をとる国で，一方の院が選挙制，もう一方の院が選挙制ではないという場合，議会政治の民主化を徹底するためには，非選挙制の院も国民が選挙するように変更する（アメリカの上院の例），非選挙制の院の権能を制限する（イギリスの貴族院の例）などの措置も必要となる。イギリスでは，政治的慣行により徐々に貴族院の力が抑えられてきていたが，1911年には議会法で庶民院の優位が明文化された。

※22　Charte constitutionnelle de 1814. フランスの王政復古で1814年に王位に就いたルイ18世（1755〜1824, 在位1814〜15, 15〜24）が即位直後に定めた欽定憲法。二院制の議会をもった体制を規定するが，国王の権限が大きい。

※23　Révolution de Juillet. 1830年7月にフランスのブルボン朝復古王政を倒した革命。富裕市民層が支配する七月王政を誕生させた。

3．議会と民主政治はどのように結び付けられたのか　79

い制限選挙が続きました。しかし，1848年二月革命[24]後の第二共和政の選挙では，一足飛びに21歳以上の男性普通選挙となり，しかも選挙は直接選挙で行われました（フランス革命期の普通選挙は間接選挙でした）。国政を広範な国民が全員で支えるという形がここで固まり，その後は，議会の権能を厳しく制限したナポレオン3世[25]の第二帝政のもとでさえ，普通選挙の原則は変わることがなかったのです。

　フランス以外の国ぐにでも，国政選挙における普通選挙権の導入は，デンマークで1849年，プロイセン（ドイツ）で1850年，アルゼンチンで1853年，スペインで1869年，オーストリアで1896年，イタリアで1912年，そして日本では1925年というように，19世紀半ばから20世紀初頭にかけて次々に進んでいきます。ただ，プロイセンの場合，先述のように，普通選挙権は，三級選挙制という富裕者に有利な不平等な選挙制度と一緒に導入されていますし，スペインでは20世紀半ばのフランコ[26]支配下で普通選挙権が取り消されるといったこともありましたので，ただ普通選挙権が導入されたということだけで，議会民主政治の完成を言うことは到底できないでしょう。こうした点からすれば，早期に議会主権が確立し，広く国民の声を国政に反映させる議会政治の長い伝統をもったイギリスにおいて，19世紀半ばから1世紀近くをかけて有権者の拡大が大きな混乱もなく段階的に行われ，1918年に普通選挙制に至ったという歴史を簡単にでも見ておくことは，議会民主政治の形成過程について知るうえでは重要と思われます。

　イギリスでは，1832年の第1次選挙法改正で，基本的に中世末に定まった（旧イングランド王国部分の）庶民院議員の選挙制度を，19世紀初頭の社会の現実に多少とも合わせる改正を行い中流階層のほぼ全員が有権者となるようにした

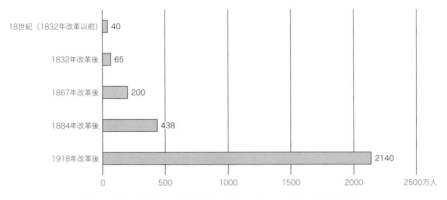

図28 近代イギリスの有権者数の増加　旧イングランド王国部分。

結果，有権者数は約1.5倍の60万人台に増えました。1867年の第2次選挙法改正は，都市の労働者階級をも有権者の範囲に加えて有権者を倍増させ，200万人としました。1884年の第3次の改正は農村の労働者もそこに加え，有権者数は400万人を超えました。そして，第一次世界大戦を経た後の1918年の国民代表法により，普通選挙制が導入され，あわせて女性の一部も有権者とされた（女性参政権については後述）結果，有権者数は2000万人を超え，総人口の6割近くに達することになったのです。今日の議会民主政治と不可分な関係にある大衆選挙が，こうして本格化しました。なお，イギリスでは，この有権者増の過程と並行して，選挙区の平等化が20世紀初めまでに進められ，現代日本で深刻となっ

※24 Révolution de Février, 1848年2月にフランスの七月王政を倒した革命。パリの民衆の蜂起が大きな力となり，第二共和政が成立した。

※25 Napoléon III（1808〜73），フランス第二帝政の皇帝（在位1852〜70）。第一帝政を立てたナポレオンの甥。二月革命後に大統領に選ばれ，3年後に帝政を樹立して皇帝となった。

※26 Francisco Franco（1892〜1975），スペインの軍人，独裁者。スペイン内戦に勝ってスペインの元首となり，独裁体制を築き，死亡するまでその体制を維持した。

ている「一票の格差」問題がほぼ解決されたことも，議会民主政治の前提条件としてはやはり重要でしょう。

　ここまで，国政選挙における普通選挙権の導入を，基本的に有権者の財産資格が取り払われる過程として見てきましたが，国・地域や時期によっては，宗教，人種等による政治的権利の差別を解消することが，議会政治の民主化にとって特に重要となる場合もありました。例えば，17世紀末の名誉革命で宗教的寛容が実現したとされるイギリスでも，国教徒以外に対する様ざまな差別が長く残っていました。そうした差別は，非国教徒の公職就任を禁じた審査法が1828年に廃止されるのを皮切りに，ようやく19世紀になって徐々に解消されていくのです。他方，ジャクソニアン・デモクラシー[27]の時代を経て普通選挙権が導入されたアメリカでも，その民主主義は白人民主主義にすぎず，黒人やインディアンの権利が十分に認められるようになるまでには，以後非常に長い年月を要したのです。それは，南北戦争[28]後の憲法修正第15条により，肌の色などで投票権が制限されることはないという原則は確認されたものの，実際には，識字率の低かった黒人を読み書き能力テストによって投票から排除するといったことが長く続いたからです。

　最後に，女性参政権のことにもふれておかなければなりません。実際，歴史的に長く，国政選挙権は男性の権利とされてきました。これに対して，フランス革命期の1792年イギリスのメアリ・ウルストンクラフト[29]が『女性の権利の擁護』を発表して男女同権を訴え，それ以降も女性参政権の主張は続きましたが，男性の選挙権が急速に広がった19世紀以降も，女性の参政権の普及は男性のそれに較べて大きく遅れました。世界初とされる男女普通選挙権は，1893年，当時はイギリスの自治植民地であったニュージーランドのものとされています。

図29　メアリ・ウルストンクラフト

その本国イギリスでは，地方選挙は別にして，国政レベルの女性参政権は，19世紀末から女性参政権運動が活発に展開されたものの，長らく実現を見ず，第一次世界大戦後の1918年になって，男性普通選挙権が導入された時に，制限付きながら女性にも初めて選挙権が与えられました。そして，男性・女性平等の普通選挙権は，ようやく1928年に定められました。他の国でも，女性の普通選挙権については実現が第一次世界大戦後にまでずれ込むケースが多く，日本の場合は，第二次世界大戦後の1945年12月の衆議院議員選挙法（公職選挙法の前身）の改正を待たなければなりませんでした。

※27　Jacksonian democracy，第7代ジャクソン大統領（在任1829～37）から第8代ヴァン・ビューレン大統領（在任1837～41）の時期に，アメリカ合衆国で民主化の動きが進んだこと。
※28　Civil War（1861～65），奴隷制をめぐり対立したアメリカ合衆国の北部諸州と南部諸州が戦った内乱。両軍に多大な被害を出し，奴隷制存続を求めた南部側の敗北に終わった。
※29　Mary Wollstonecraft（1759～97），イギリスの急進的社会思想家。バークのフランス革命批判に反論。1797年，やはり急進的思想家として知られるウィリアム・ゴドウィンと結婚，後に詩人シェリーの妻となる長女の出産後，産褥熱で死亡。

国民と議会をつなぐもの

　投票権が広く国民一人ひとりに認められ、普通選挙制へと向かっていったとしても、それだけでは議会民主政治はうまく機能しません。それを機能させるには、どのようなことが必要になるでしょうか。19世紀半ばのイギリスの投票場は大混乱になることも多かったのですが、選挙権の拡大によって貧しく経済的に弱い立場の人びとも有権者になるとすれば、投票の秘密が守られ静穏な環境で有権者が投票できる制度（秘密投票制）にしなければなりません。そうでなければ、労働者が雇い主から圧力を受けて特定の候補者に投票させられるといったことが起こってしまい、選挙結果が民意を正しく反映しないということにもなりかねません。また、選挙時の買収行為を厳しく禁じなければ、票を金で買うといったことが横行する危険もあります。イギリスでは、1872年に秘密投票法（Ballot Act）が、1883年に腐敗および不法行為防止法（Corrupt and

図30　19世紀半ばのイギリスの選挙における騒乱を描いた挿絵

Illegal Practices Act) が制定されて，こうした危険に歯止めがかけられました。また，貧しい人自身が議員に選ばれた場合に生活の不安なく議員活動ができるように，議員に歳費を支給するといったことも必要になります。こちらについては，イギリスでは1912年に庶民院議員への歳費の支給が始まりました。議会民主政治は，こうした国民と議会とをしっかりと結び付ける制度やルールに支えられて初めて十全に機能するものなのです。

　国民と議会をつなぐという観点からもうひとつきわめて重要なのは，議会において，どんな問題が誰によってどのように論じられているかという情報が，広く国民＝有権者に詳しく正確に伝えられているということです。それがなければ，国民は選挙に際してどの候補者を自分の意を体する代表として議会に送ればよいか正しく選択することができません。しかし，議会政治の先進国イギリスにおいても，18世紀半ばまで，民間の新聞などが議事に関する報道を行うことは禁じられていたのです。実際には，それ以前から政治報道は始まってはいましたが，それはまだ非合法でした。そして，議会政治の民主化の過程と並行して，議事報道もようやく18世紀末から徐々に許容されるようになっていき，最終的には，議事を国民に公開するのは議会の義務であるという考え方がとられるまでになりました。現在イギリスでは議事のテレビ中継も日常的に行われていますが，2世紀半ほど前には，新聞で議事を詳細に報じて逮捕された人もいたのです。

　近世の議会寡頭政治の時代と較べると，近現代の議会民主政治の時代の議員と，その議員が代表する利害はより多様となり，議会が扱う案件はより複雑多岐にわたるようになります。そのような議会で効率的に案件の審議を進め，国民の間で深刻な見解の対立があるような重要な政策課題について議事を通じて

図31　党首ブレアの顔を表紙に使った1997年総選挙時の労働党のマニフェスト

平和的に結論を得るためには，相対的に意見が近い議員がまとまって行動する政党のような団体が必要になります。政党はまた，大衆化した選挙において，党の候補者を複数の選挙区にわたって擁立することによって，各地域の選挙戦を国政に結び付け有権者に分かりやすい選択肢を提供する存在としても有用です。党首を首相候補として前面に立てて選挙戦に臨む政党の役割は，現代の選挙では，いっそう大きくなっています。

　歴史をさかのぼると，議会主権が早期に確立したイギリスでは，早くも17世紀の後半に，今日の政党の起源にあたる議員グループであるホイッグとトーリが誕生し，18世紀にかけて初期的な政党政治と言ってもよいような政治局面も出現しました。他の多くの国ぐにでも，議会制が導入され，その政治的役割が大きくなるにつれて，政党のような議員集団が姿を現しており，アメリカ建国期の連邦派（Federalists）・反連邦派（Anti-Federalists），その後の時期の民主党・

ホイッグ党※30はそのような例として知られています。初期の政党は，多くの場合，固定的な組織をあまりもたない，不安定な院内議員集団にすぎませんでしたが，19世紀が進むにつれて，議会民主政治の基盤をなす議員選挙の規模が大きくなり，選挙へのかかわりを深めた政党の組織化も進行することになりました。19世紀後半，大英帝国の絶頂期にあったイギリスでは，自由党・保守党※31の安定した二大政党制のもと，数年に一度総選挙の結果により政権交代が起こるという時期が続き，そのような政治のあり方は古典的議会政治として多くの論者から高い評価を受けてきました。本書の前半部分で述べてきたように，議会の歴史的な役割が，国王など少数の権力者の専制を抑止しつつ有効な統治に資するということであったとすれば，複数の政党が競合することで政権交代・政策転換の機会保障と，国家統治に不可欠の政治的安定とを両立させることに成功したこの19世紀イギリスの議会政党政治は，確かに「古典的」という評価に値するものであったと言うことができるように思われます。

※30 民主党（Democratic Party）はジャクソン大統領支持派の党として1820年代に誕生，南部を支持基盤とした。南北戦争後は南部と北部大都市を主要な支持基盤とする政党となり，現在までアメリカの二大政党のひとつとなっている。ホイッグ党（Whig Party）は民主党に対抗して誕生したが，1850年代の政党再編で姿を消し，以後，共和党（Republican Party）が二大政党の一翼をしめる存在となり，現在に至っている。

※31 自由党（Liberal Party）は，17世紀末に起源をもつホイッグ党の後継政党として，19世紀半ばに急進派をも糾合して生まれた政党。20世紀初めまで二大政党のひとつとして，政権を長く担当したが，1920年代にその地位を労働党（Labour Party）に奪われた。現代イギリスの第三党リベラル・デモクラッツ（Liberal Democrats）は，自由党の流れをくむ。保守党（Conservative Party）はトーリ党の後身として1830年代に成立。現在まで，二大政党の一方の地位を維持している。

3. 議会と民主政治はどのように結び付けられたのか　87

> **レッスン**
>
> ・明治時代につくられた日本の議会（帝国議会）にはどのような特色があ
>   りますか。同じ時期の各国の議会とも比べてみましょう。
> ・議会民主政治を機能させるために，あなたが選挙権の拡大に加えて大切だ
>   と思うことは何ですか。いくつか挙げてください。

3. 議会と民主政治はどのように結び付けられたのか　89

おわりに—現代の議会
問題解決のヒントは歴史のなかにある—

ここまで，中世から20世紀初頭までの議会に関する歴史的考察を行いました。

　今からちょうど100年前の1918年，イギリスの選挙は男性普通選挙制となり，女性の一部にも参政権が認められました。この時までに，議会，特に広く国民の直接選挙で選ばれた議員からなる庶民院は国のもっとも重要な統治機関としての地位を確立し，政党政治を通じて平和的に政権交代と政策転換を行うことが可能な政治文化も根付いていました。そのような議会民主政治は，各国の歴史的背景が異なることから相当大きな偏差をともないながらも，西洋の多くの国ぐにで採用され，さらに世界に広がっていこうとしていました。そして100年後の現在，世界のほとんどの国には国政上の重要機関として議会が設けられ，その議員（の少なくとも一部）の選挙には広範な国民が参加する仕組みが作られています。18歳になると誰でも選挙に参加できるという今日の日本の状況も，この議会民主政治の広がりという大きな世界史的動きの一局面なのです。しかし，私たちは今，現代世界の議会や議会政治についていろいろな問題を感じています。少し強い言い方をすれば，議会のもつ権威が失われつつあるように思われます。この「おわりに」では，現代議会がかかえている問題を簡単に見てみることにしましょう。

　ひとつの問題は，世界的に見ると，広範な国民の参加する選挙で議員が選ばれる議会が重要な統治機関として設けられていることが，少数者による非民主的な統治のアリバイとして用いられているにすぎない場合が少なくないということです。いわゆる開発独裁[※1]体制の国でも，国民の参加する選挙と議会が存在していて，その体制を正当化していることがよくあります。社会主義国家の

※1　developmental dictatorship, 20世紀後半の「第三世界」に出現した，国民の政治参加の権利を厳しく制限して急速な経済発展の実現をはかる強権的な統治体制。

場合，人民主権がうたわれ，議会は最高権力機関として位置づけられますが，実際には，共産党のような（唯一合法化されているか，あるいは他党を圧する絶対的な力をもった）政党がより強大な力をもっています。そのような状況で選挙が行われても，複数政党間での競争原理は働かず，現政権に対する形式的な信任投票でしかありえません。

　他方，議会がアリバイとしてではなく実際に国政上重要な役割を演じてきた議会先進国の場合にも，議会審議の空洞化という問題が指摘されています。それは，取り扱うべき問題がますます複雑多岐にわたるようになり，立法の件数もきわめて多くなった結果として，議会での審議が時間的にも内容的にも実質的な意味をもたなくなりつつあるということです。ある立法についての詳細な内容の検討は，関係行政機関における法案の起草過程で徹底的に行われ，関係利害間の調整もその過程で相当程度済ませてしまっているということになると，議会の場での審議の実質的意味は小さくなります。先に，18世紀イギリス議会が法律を多数成立させて実質的に統治に貢献したということを述べましたが，それは中央の行政機関が未整備であった時代のことであり，今や立法の過程においても，大きな人員を擁する行政府の優位が見られるようになったのです。さらに，そのことと無関係ではないでしょうが，イギリスのように議院内閣制をとる国でも，首相が，議会与党の指導者としてよりは，議会から独立した専属スタッフを官邸に集めて政策決定を主導する，つまり大統領のごとくにふるまうことが一方で批判され，また他方では期待されるようにもなってきているのです。

　議会主権を早期に確立していたイギリスで，重要な政策判断にあたって国民投票を用いることになったというのも，ごく最近見られる議会の権威の喪失を

図32　EU離脱という国民投票の結果を報じる
大衆紙『サン』2016年6月24日の1面

示す例かもしれません。例えばスコットランドに独自の自治議会を設ける権限移譲法の実施の可否を、関係地域であるスコットランドの住民投票で問うということは20世紀末にも行われていましたが、2016年6月にイギリス全土で行われたイギリスのEU残留／離脱の是非を問う国民投票（Brexit referendum）は、国家の最重要政策を決定する権限を議会が事実上放棄し、国民の多数決に委ねたという意味で、議会の歴史上非常に重大な出来事でした。議会民主政治の原理を受け入れて普通選挙制を実現すると、その次の段階で議会は、当の議会が本当に歪みなく国民一般の意向を反映できているのかについて、問われることになります。議会選挙において小選挙区制と比例代表制のいずれがよいかといった選挙制度論議が繰り返されるなか、判断の難しい重要な問題であれば、もっと直接的かつ単純に、できるだけ歪みのない形（＝国民投票）で国民の声を聞き多数決で決めようという考え方も出てきます。これは、近世から近代に

おわりに―現代の議会　問題解決のヒントは歴史のなかにある―　93

かけて議会が，自らの背後に存在する広範な国民の声，すなわち世論を根拠として国政上の権限を従前の少数の権力者（国王やその寵臣など）から奪い取ったことの究極的な，また皮肉な結果と言うべきでしょう。

　議会は時代ごとに国家の統治機関として有用な働きをすることでその権能を強め成長してきましたが，現代では，EUのような超国家連合の出現，他方スペイン・カタルーニャ（Cataluña）州の独立運動の激化など，中世末から今日までの（少なくとも西洋世界の）歴史を考えるうえで当然の前提とされてきた（近代国民）国家という枠組み自体に再考を迫る事態があちこちで生じています。現代議会がかかえる諸問題は，この枠組み自体の再検討のなかで解決していくべきものであるように思われます。

おわりに―現代の議会　問題解決のヒントは歴史のなかにある―

参考文献

『人権宣言集』岩波文庫

『世界憲法集』岩波文庫

岡野加穂留ほか編『世界の議会』全12巻，ぎょうせい，1983～84年

中村英勝『イギリス議会史〔新版〕』有斐閣，1977年

城戸毅『マグナ・カルタの世紀：中世イギリスの政治と国制1199-1307』東京大学出版会，1980年

A. R. マイヤーズ（宮島直機訳）『中世ヨーロッパの身分制議会―新しいヨーロッパ像の試みⅡ』刀水書房，1996年

福井憲彦『興亡の世界史　近代ヨーロッパの覇権』講談社学術文庫，2017年

図版出典

図1　『世界史アトラス』集英社，2001年，p.187より編集部作成

図2　Magna Carta, 大英図書館蔵

図3　Alamy（シャルトル大聖堂蔵）

図4　Alamy

図5　Edward I, king of England, ニューヨーク公共図書館蔵

図6　亀井高孝ほか編『標準世界史地図』吉川弘文館，1996年，p.33より編集部作成

図7　近藤和彦編『イギリス史研究入門』山川出版社，2015年，p.236，改変

図8　著者作成

図9　Alamy（ウォバーン・アビー蔵）

図10　仲丸英起『名誉としての議席―近世イングランドの議会と統治構造』慶應義塾大学出版会，2011年，p.51より著者作成

図11　アフロ（スコットランド国立図書館蔵）

図12　Alamy（ブランダイス大学図書館蔵）

図13　Charles I, king of England, ニューヨーク公共図書館蔵

図14　今井宏『新・人と歴史拡大版22　クロムウェルとピューリタン革命』清水書院，2018年，p.194～p.195

図15　Edward Hyde, 1st Earl of Clarendon, ニューヨーク公共図書館蔵

図16　著者作成

図17　Alamy（'Illustrations of English and Scottish History' Volume IIより）

図18　"The works of ... Sir C. H. W. ... from the originals in the possession of his Grandson, the ... Earl of Essex. ... With notes by H. Walpole, Earl of Orford", p.290, 大英図書館蔵

図19　Alamy

図20　"History of the House of Commons, from the Convention Parliament of 1688-9 to the passing of the Reform Bill, in 1832", p.10, 大英図書館蔵

図21　アフロ（ソールズベリー博物館蔵）

図22　Alamy（個人蔵）

図23　J. Hoppit, *Britain's Political Economies*, 2017, p.69, Table 3.1. より著者作成

図24　"Louis XVI. et la Révolution", p.179, 大英図書館蔵

図25　遅塚忠躬『ビジュアル版世界の歴史14　ヨーロッパの革命』講談社，1985年，p.237

図26　谷川稔ほか『世界の歴史22　近代ヨーロッパの情熱と苦悩』中央公論新社，1999年，p.331

図27　西川正雄ほか『ビジュアル版世界の歴史18　帝国主義の時代』講談社，1986年，p.42

図28　中村英勝『イギリス議会史〔新版〕』有斐閣，1977年，p.215 を参考に著者作成

図29　Mary Wollstonecraft-Godwin, ニューヨーク公共図書館蔵

図30　"The post-humorous notes of the Pickwickian Club. Edited by "Bos". Illustrated with ... engravings", p.147, 大英図書館蔵

図31　アフロ

図32　ユニフォトプレス

　大英図書館・ニューヨーク公共図書館の画像は以下のサイトにて公開されているものを利用した。

大英図書館（British Library）

　https://www.flickr.com/photos/britishlibrary/

ニューヨーク公共図書館（New York Public Library）

　https://digitalcollections.nypl.org/

著 者

青 木　康
あおき　やすし

1951年生。東京大学大学院人文科学研究科博士課程中退。現在立教大学名誉教授。専攻はイギリス近代政治史。
主要著書
(著書)『議員が選挙区を選ぶ―18世紀イギリスの議会政治』(山川出版社，1997年)
(編著)『イギリス近世・近代史と議会制統治』(吉田書店，2015年)

編 集 委 員

上田信

髙澤紀恵

奈須恵子

松原宏之

水島司

三谷博

歴史総合パートナーズ②

議会を歴史する

定価はスリップに表示

2018年8月21日　　初　版　第1刷発行
2022年9月12日　　初　版　第2刷発行

著　者　　青木　康
発行者　　野村　久一郎
印刷所　　法規書籍印刷株式会社
発行所　　株式会社　清水書院
　　　　　〒102-0072
　　　　　東京都千代田区飯田橋3-11-6
　　　　　電話　03-5213-7151㈹
　　　　　FAX　03-5213-7160
　　　　　http://www.shimizushoin.co.jp

カバー・本文基本デザイン／タクティクス株式会社／株式会社ベルズ
乱丁・落丁本はお取り替えします。　　ISBN978-4-389-50085-6

本書の無断複写は著作権法上での例外を除き禁じられています。また，いかなる電子
的複製行為も私的利用を除いては全て認められておりません。

歴史総合パートナーズ

① 歴史を歴史家から取り戻せ！―史的な思考法― 　　上田信

② 議会を歴史する 　　青木康

③ 読み書きは人の生き方をどう変えた？ 　　川村肇

④ 感染症と私たちの歴史・これから 　　飯島渉

⑤ 先住民アイヌはどんな歴史を歩んできたか 　　坂田美奈子

⑥ あなたとともに知る台湾―近現代の歴史と社会― 　　胎中千鶴

⑦ 3・11後の水俣／MINAMATA 　　小川輝光

⑧ 帝国主義を歴史する 　　大澤広晃

⑨ Doing History：歴史で私たちは何ができるか？ 　　渡部竜也

⑩ 国境は誰のためにある？―境界地域サハリン・樺太― 　　中山大将

⑪ 世界遺産で考える5つの現在 　　宮澤光

⑫ 「国語」ってなんだろう 　　安田敏朗

⑬ なぜ「啓蒙」を問い続けるのか 　　森村敏己

⑭ 武士の時代はどのようにして終わったのか 　　池田勇太

⑮ 歴史からひもとく竹島／独島領有権問題 　　坂本悠一
　　―その解決への道のり―

⑯ 北方領土のなにが問題？ 　　黒岩幸子

以下続刊